alejandro colanzi zeballos

BUSQUEDA CRIMINOLOGICA

Santa Cruz - Bolivia

Colanzi Zeballos, Alejandro
BUSQUEDA CRIMINOLOGICA
1er edición en español: Bolivia, Ed. Siglo XXI, 1995.
2da edición en español: US, Kdp Print US, 2022.
116 p.; 23 x 15 cm (Derecho, Criminología, Ideología, Investigación, Delincuencia, Educación)
ISBN-13: 979-8407738329

Corrección (texto): Mary Ch. Cano
Corrección (imagen): Mary Ch. Cano
Diagramación: Carlos Lorenzo
Diseño de tapa: Tapa original de libro de 1995
Imagen de tapa: Tapa original de libro de 1995
© alejandrocolanzizeballos-MMXXII
Derechos Reservados
ISBN-10: 8407738329
ISBN-13: 979-8407738329
Impreso en US – Print in US

UNIVERSIDAD DEL ZULIA
FACULTAD DE DERECHO
DIVISION DE ESTUDIOS DE POSTGRADO
MAESTRIA LATINOAMERICANA EN CIENCIAS PENALES
Y CRIMINOLOGICAS

DESIDEOLOGIZAR PARA IDEOLOGIZAR
REFLEXIONES PARA UNA CRIMINOLOGIA LATINOAMERICANA

Trabajo presentado como requisito para optar al título de **MAGISTER SCIENTIARIUM** en **CIENCIAS PENALES Y CRIMINOLOGICAS**, por el Lic. Alejandro Colanzi Zeballos. Tutora: Dra. Lola Aniyar de Castro

Maracaibo
1988

A Marietta:

AGRADECIMIENTOS

Siendo que estas reflexiones a presentar son el resultado de una etapa importante en este caminar de mi vida, es que se torna un tanto difícil el agradecer a determinadas personas, ya que son tantas con las cuales nos interrelacionamos diariamente, habiendo recibido en mayor o menor proporción, algo de ellas. Este se acentúa cuando se es extranjero, y esta interrelación le hace olvidar dicha categoría.

De todos modos, hay personas que sobresalieron, y a ellas este humilde agradecimiento:

A Lolita Aniyar, con el respeto y agradecimiento por ser mi Maestra y Tutora de este trabajo.

Por el enfoque que le dan al Derecho, y que me permitió reconsiderar mi decisión de alejarme de dicho campo, va mi agradecimiento al Dr. Julio Maier y al Dr. Eugenio Raúl Zaffaroni.

A Rosa de Olmo, por la colaboración prestada.

A María Angélica Jiménez por todo el apoyo moral que me ha brindado. Así como también al plantel de profesores y al personal administrativo del Instituto de Criminología de la División de Post-grado de Derecho.

A los compañeros de la Maestría, quienes enriquecieron la discusión. A María Valera y Hans Gieszen (mi casi hermano) con quienes profundizamos ideas.

A un hombre que confió en mí, me brindó un gran cariño y apoyo material. Al Dr. Cerruto, a quien considero casi un padre.

Son muchas las personas que me brindaron apoyo y cariño en Venezuela. Un especial agradecimiento a: la familia Fernández Albornoz; al Sr. José y la Sra. Consuelo Bermúdez; a Vinicio, Norma y los tres "mosqueteros: los Flores-Colina. A ellos, mi eterno recuerdo.

No estaría completo este agradecimiento si dejara de mencionar a una persona muy especial. A él le robé momentos que le correspondían, y lo llevé a un ritmo de vida que no merecía, pero que, con todas sus limitaciones, ha comprendido, como si no tuviera esas limitaciones. Gracias hijo por todo lo que te negué y que me lo cediste sin reclamo. Gracias Carlos Mauricio.

VEREDICTO DEL JURADO

Quienes suscriben, miembros del Jurado nombrado por el Consejo Técnico de la División de Estudios de Post-Grado de la Facultad de Derecho de la Universidad del Zulia para evaluar el Trabajo de Grado:

DESIDEOLOGIZAR PARA IDEOLOGIZAR REFLEXIONES PARA UNA CRIMINOLOGIA LATINOAMERICANA

Presentado por el Lic, Alejandro Colanzi Zeballos, cédula de identidad Nº E - 82.037.864, para optar al título de **MAGISTER CIENTIARIUM EN CIENCIAS PENALES Y CRIMINOLOGICAS**, después de haber leído y estudiado detenidamente el referido trabajo y evaluado la defensa presentada por su autor considera que el mismo reúne los requisitos señalados por la normas vigentes y por lo tanto, lo APRUEBAN, y para que conste, se firma en Maracaibo a los veintitrés días del mes de Noviembre de mil novecientos ochenta y ocho.-

EL PRESIDENTE Thamara Santos
Nombre y Apellido   C.I.   Firma

EL SECRETARIO María Angélica Jiménez
Nombre y Apellido   C.I.   Firma

EL TUTOR Lola Aniyar de Castro
Nombre y Apellido   C.I.   Firma

INDICE

AGRADECIMIENTOS	9
VEREDICTO DEL JURADO	11
PROLOGO	17
CAPITULO I	23
I.- MARCO REFERENCIAL	23
I.1.- ANTECEDENTES Y JUSTIFICACION.	23
I.2.- IMPORTANCIA	26
I.3. PLANTEAMIENTO DEL PROBLEMA.	31
I.4. HIPOTESIS.	32
I.5. OBJETIVOS	32
I.5.1. Objetivo General	33
I.5.2. Objetivos Específicos.	33
I.6. MODO DE OPERAR.	33
I.7. OPERACIONALIZACION DE CONCEPTOS.	34
I.7.1. Ideología	34
I.7.2. Objeto de estudio de la Criminología Latinoamericana.	36
I.7.3. Generaciones.	40
I.7.4. Liberación y Liberalización.	41
CAPITULO II	43
II. CONTRASTACION NECESARIA.	43
II.1. LOS PUNTOS BASICOS DE DISCUSION	43
II.2. LA ESTRUCTURA ECONOMICA	44
II.2.1. Opinión de los Criminólogos Críticos.	44
II.2.2. Un acercamiento a Bolivia.	47
II.3. CLASES SOCIALES.	53
II.3.1. La utilización de los criminólogos.	53
II.3.2. Reflexiones necesarias.	55
A. Propiedad de los medios de producción y la Plusvalía.	55
B. Cohesión de clase y control ideológico	57

      i. Normandía. Antecedentes.   57

      ii. Un intento de radiografía.   59

      iii. El conflicto de intereses   61

      iv. Reflexiones necesarias.   63

II.4. CONTROL SOCIAL Y DERECHO.   64

    II. 4. 1. El uso en la criminología crítica.   64

    II. 4. 2. El carácter instrumentalista.   67

    II. 4.3 Las propuestas de lo "alternativo".   68

      A. Qué se propone   68

      B. El carácter contradictorio.   69

    II.4.4. Otras Observaciones.   71

      A. Sobre la concepción ideologista.   71

      B. Sobre el planteamiento "alternativo".   73

II.5. LA CONTRADICCION PRINCIPAL.   75

CAPITULO III   77

III.- PROPUESTAS   77

III.1. PARA UN ESTUDIO CRIMINOLOGICO LATINOAMERICANO.   77

    III.1.1. Criminología latinoamericana.   77

    III.1.2. El sujeto como centro Histórico.   80

      A. La Criminología Latinoamericana "No puede basarse en un ser derivado del valor".   81

      B. La Criminología Latinoamericana "No podrá tener por base un racionalismo ni un voluntarismo puro".   82

      C. La Criminología Latinoamericana tendrá base realista.   82

      D. La criminología Latinoamericana "No puede fundarse en el conocimiento adquirido por la fe (aunque no tiene por qué ser contrario a él)"   83

      E. La Criminología Latinoamericana "No puede marginar la Filosofía"   83

    F. La Criminología Latinoamericana "debe proporcionar externamente la libertad".   84

    G. La criminología Latinoamericana tiene que "rechazar como falsa la antinomia individuo-sociedad".   86

  III.1.3. El método Dialéctico.   86

  III.1.4. Desideologizar para ideologizar.   90

III.2.- PARA EL PROYECTO POLITICO   94
  III.2.1. Perforamiento del Estado-Nación Liberal   94

  III. 2.2. Democracia Participativa.   95

  III. 2. 3. Abolición de la Pena Privativa de Libertad.   96

  III. 2. 4. El Condicionamiento Principal.   98

EPILOGO   101

BIBLIOGRAFIA   107

PROLOGO

El doctor Alejandro Colanzi nos plantea en esta obra una cuestión de fondo: la necesidad que tiene cualquier sociedad --con pretensión histórica--, de reflexionarse a sí misma; o lo que es igual, de reflexionar su propia convivencia con cierto rigor.

El planteamiento en realidad, arranca de una premisa filosófica: me reflexiono y luego existo. Esa premisa está signada con una carga política potente. A saber: una sociedad está políticamente invitada a conocerse a sí misma, con el propósito de construir su propia existencia o de tener su propio sitio en la historia; nada menos.

Estamos entonces ante el pensamiento como mecanismo político y de poder. Esta vez, como mecanismo de construcción soberana.

Bien. Me temo que Colanzi tiene razón. La comunidad que no se piensa, no se constituye.

Y es que siempre habrá pensamiento sobre una comunidad. Cualquiera sea ese pensamiento y cualquiera sea esa comunidad. La pregunta es quién hace ese pensamiento. No hay motivo para sorprenderse ante el hecho de que una comunidad termine siendo --en gran parte-- lo que se piensa de ella. Y por eso los miembros de una sociedad pueden hacer dos cosas ante su circunstancia. Un camino es pensarse y por esa vía, auto/constituirse. El otro camino es dejar que otros "les piensen". Y por esa vía, que otros les constituyan.

Este planteamiento encierra la visión moderna y humanista que dice así: en política puede elegirse entre ser la anécdota en la "historia ajena" o ser la historia en sí misma. En la modernidad los pueblos quieren ser la historia. En la pre/modernidad la gente se conforma con ser la anécdota: la anécdota de dios, de la naturaleza, del vecino, del destino y en fin.

Si me permiten, ése es el sentido esencial de la obra de Colanzi: la invitación para que, de una vez por todas, nos demos a la tarea de pensarnos. ¿Y cómo Colanzi nos dice semejante cosa en una obra sobre criminología?

Sencillo. Porque esa disciplina --la criminología, como la ve el autor--, implica necesariamente la idea de conocer la sociedad donde se produce el crimen. Y de ahí que tenemos a un jurista que, más allá de conocer los códigos y procedimientos jurídicos, está interesado en conocer la comunidad con el fin de comprender la lógica del "crimen y el castigo".

Ese interés de Colanzi, le lleva a encontrarse con la cuestión filosófica y política desde la que abrimos este prólogo: la necesidad de reflexionar lo social y de hacer pensamiento político. ¿Cómo podríamos desarrollar una visión del crimen --desde la criminología--, si no tenemos un pensamiento sobre nosotros mismos en cuanto comunidad?

Pero Colanzi, con esa lógica nos pone ante un tema más delicado aún: ¿cómo podríamos hacer constitucionalismo si no tenemos un pensamiento propio sobre nosotros mismos? En suma: ¿cómo podríamos hacer leyes sobre nuestra convivencia, si no tenemos claro quiénes somos ni cómo somos?

El planteamiento del autor nos pone ante la pregunta clave del poder: ¿nos mandamos o no nos mandamos a nosotros mismos? ¿Hacemos leyes que nos constituyen y que crean normativa legítima o leyes que nos caricaturizan y que no obedeceremos nunca?

Cuando ocurre que los políticos hacen leyes sobre realidades que no conocen y que terminan caricaturizando la comunidad, lo que tenemos es legislación morbosa. Tenemos legislación morbosa pero no tenemos eso que se llama el Derecho: las relaciones normadas de la gente. La legislación morbosa es la acumulación fetichista de leyes absurdas. Y la consecuencia de esa acumulación es una sociedad inundada por normas que no se obedecen. Normas que no son soberanas. Es un tema casi fundacional. Y resulta que en este libro, Colanzi nos lo está diciendo desde el punto de vista de la teoría del crimen: desde los campos de la criminología.

Es universalmente aceptado el que la investigación sobre lo criminal se asienta, entre otros campos, en la investigación sobre lo social; es decir, en la investigación sobre la política, la economía y la antropología, entre otras áreas de la realidad y disciplinas del saber. Y así, es universalmente aceptado que entender lo criminal está lejos de ser sólo una cuestión de estudiar las técnicas –jurídicas, sicológicas o policiales, por ejemplo— para tratar el crimen o lo criminal. Y por eso, los estudios de fondo sobre lo criminal, hace tiempo que tienden a ser estudios sobre lo social.

Esta precisamente es la perspectiva que propone Colanzi de cara a su propia sociedad. Perspectiva que puede resumirse así: ¿queremos comprender y explicar lo criminal en Bolivia? Pues lo primero será conocer Bolivia. Su realidad y su circunstancia histórica y social.

Con esta propuesta Colanzi es parte de la tradición latinoamericana de abogados que rompen el encierro de la técnica jurídica y buscan la comprensión de lo criminal y del delito desde la criminología como rama independiente del saber social.

Pero lo más importante: con esa perspectiva Colanzi nos está convocando a hacer pensamiento político y social en Santa Cruz y en Bolivia. Nos está diciendo: para comprender la conducta que no se ajusta a la ley, hay que comprender la sociedad que hace esa ley.

Y por esa senda su texto se vuelve una denuncia terrible: la denuncia de que no nos estamos pensando.

No es poca cosa. Sobre todo ante los retos históricos y políticos de la Santa Cruz actual, que es la sociedad de Colanzi.

Santa Cruz es el logro de modernización más sólido que ha producido Bolivia. Casi un caso de estudio dado el tamaño y lo especial de ese éxito. Este no es el sitio para analizar las causas del éxito cruceño. Pero sí y a propósito de la denuncia de Colanzi, es el sitio y momento para preguntarse porque esta sociedad --la cruceña-- tan encaminada en la racionalidad de la modernización no produce pensamiento político y social.

¿Podría aportar Santa Cruz, a la criminología "nacional"? Claro que podría; para eso tendrían que ocurrir dos cosas aún pendientes. Que Bolivia se piense a sí misma como sociedad moderna y que Santa Cruz haga otro tanto. Por el momento, Santa Cruz se resiste. Santa Cruz, la sociedad moderna de Bolivia, no tiene una facultad de filosofía. Dejará que otros filosofen sobre ella. Qué otros la piensen. Y sus muchas universidades privadas, tampoco tienen facultades de ciencia política, de sociología, de historia o de literatura. Santa Cruz deja que otros hagan esas cosas.

Y de ahí que el razonamiento de fondo en la obra de Colanzi cobra más interés que nunca: hay que crear una criminología propia, pero ello implica crear un nuevo modo de reflexión político y social. Todo esto está pendiente. He allí, un reto enorme para Santa Cruz.

En fin. La obra de Colanzi, desde la criminología, es una invitación a pensarnos como comunidad. Se agradece.

Santa Cruz de la Sierra, diciembre del 2021

Manuel Suárez. PhD en Cs. Políticas. .

BUSQUEDA CRIMINOLOGICA

Desarrollo Temático

CAPITULO I

I.- MARCO REFERENCIAL
I.1.- ANTECEDENTES Y JUSTIFICACION.

El cuestionamiento con carga ideológica es un problema que vivimos constantemente en América Latina. En muchos casos, en su mayoría, se concentra tanta Ideología que se pierde el parámetro de la realidad. No negamos la necesidad de una discusión ideológica, más bien la defendemos; pero tenemos previamente que desideologizar para ideologizar; tenemos que quitarnos paulatina, ordenada y dolorosamente toda aquella ideología que nos niega, nos determina y nos aliena, para poder ideologizar en defensa de nuestra realidad, permitiendo la continuidad de valores que nos llevan a saber qué somos y hacia dónde queremos dirigirnos. Quizás, ante esto surja el cuestionamiento, cargado de ideología euro centrista, de que ello significa un retroceso histórico. En otras palabras: volver a inventar la pólvora. Este cuestionamiento ha sido vertido por dirigentes e intelectuales de derecha e izquierda, los cuales no analizaron el grado de eurocentrismo y positivismo que reproducían al sostenerlo, ya que la conceptualización de la evolución o superación de etapas salvajes son categorías netamente europeas[1].

No es querer volver -desde ya rechazamos la expresión "volver" por su implicación reaccionaria; es más bien, encontrar nuestro propio camino y caminarlo; y, más que eso,

---

[1] Comte, Augusto. *Discurso sobre el espíritu positivo.* Argentina, Editorial Aguilar, 1982, 9ª edición. Pág. 41

ya que lo de "camino" pudiera implicar determinismo, tendremos que hacer el propio camino caminándolo, sin que los recientes descubrimientos tecnológicos nos determinen, aunque puedan influir.

"Desideologizar para ideologizar", implica desmontar todo lo hasta ahora dicho en criminología, motivo de nuestras reflexiones-; pretensión un tanto atrevida, pero por necesidad hay que atreverse-; produciendo el derrumbe de todo, para poder levantar algo nuevamente. En sentido figurado, vendría a ser como aquel entretenimiento, en el que se coloca de pie un gran número de fichas de dominó, con una cierta distancia entre ellas de manera que al hacer caer la primera se inicia la caída paulatina y en cadena del resto. Así tienen que caer los planteamientos criminológicos para poder nuevamente levantar, los que sirvan, bajo otros parámetros y otros objetivos. La cuestión no es destruir, más bien saber qué hacer con los escombros y, principalmente, tener la seguridad de levantar nuevamente sustituyendo. Esto es "desideologizar para ideologizar. Es un trabajo gigantesco pero necesario.

En las reflexiones que plantearemos en el desarrollo del presente trabajo, expresamos nuestra voluntad de engrosar las filas de quienes están trabajando en esa perspectiva, (siempre y cuando la realidad lo permita, ya que no es sólo cuestión de querer- aunque constituye decisión y no así paso alguno-, sino de iniciar el recorrido de dicho camino que se torna un tanto tedioso y doloroso); será la acción, y no la sola decisión del cambio, la que materializará la pretendida desideologización, así como también la reconstrucción ideológica necesaria para todo proyecto político.

La tesis que lo jurídico -y lo criminológico- se encuentra muy relacionado con lo socio económico -en distintos grados y proporciones, según los diferentes teóricos-, fue planteada por Marx y Engels[2]. y repetida posteriormente por otros marxistas de renombre - mejor dicho: por todos los marxistas. Así lo hicieron Lenín[3], posteriormente Althusser[4], y también

---

2 Marx, Carlos. *Crítica del Programa de Gotha*. Editorial Progreso, U.R.S.S. 1979. Pág. 18
3 Lenín, V.I. *El Estado y la revolución*. China, Ediciones en lenguas extranjeras. 1975 5ª edición. Pág. 10.
4 Althusser, Louis. *Ideología y aparatos ideológicos de Estado*. Colombia, Ediciones PEPE, sin ilnta, Pág. 32.

GramscR[5] y Poulanzas[6] aunque estos dos últimos con algunas variantes que han servido para nuevos planteamentos jurídicos y criminológicos, posibilitando la coincidencia con la social democracia-. Ello fue expandido en Latinoamérica por llarnecker con su tantas veces reeditado Manual[7], convertido y utilizado como el "manual del cortapalos" (representación de Walt Disney: es el libro que contiene la respuesta a toda duda planteada). Esto ha sido repetido por la criminología -principalmente por la nueva, crítica y/o radical-; lo observamos en los investigadores europeos, los que como Foucault[8] encontraron relación entre lo económico y lo jurídico, teniendo en esta perspectiva también a Goffman[9], Melossi y Pavarini[10]. Muñoz Conde[11], Baratta[12], Rusche y Kirchheimer[13]) y muchos otros criminólogos y penalistas no menos importantes que los antes citados. Esta tesis, cierta o no, ha sido repetida por la generalidad de los criminólogos críticos latinoamericanos; pero lo que no se ha hecho es averiguar qué es lo socioeconómico en esta parte de la tierra, para así poder saber cómo se da el correlato jurídico -y criminológico-. Ese conocimiento ha sido dado por supuesto reproduciéndose categorías eurocentristas[14]), y aceptándose, desarrollos socioeconómicos e intelectuales que no hemos vivido. Peor aún, tomando implícitamente el determinismo de vivirlos, ya que estas categorías conllevan un determinismo

---

5 Buci-Gluksmann, Cristine. *Gramsd y el Estado*. México. Siglo XXI editores. 1985. 6ª edición. Pags 78 - 79. Plantea Gramsci la guerra de posiciones: ganar posiciones en el aparato del Estado para poder así influenciar en la modificación de la estructura socio-económica.
l'ortelli, Hugues. *Gramsci y el bloque histórico*. México. Siglo XXI editores, 1976. 3ª edición, pág. 47. Aquí se plantea que la superestructura, en la que se encuentra lo jurídico, es reflejo de las relaciones de producción, aunque no es estático, sino que tiene su propia independencia, relativa, oon la que Poulanzas coincidirá, con la variante de que este sostendrá que dicha autonomía relativa, lleva en última instancia a la mantención de las relaciones sociales de producción.
6 Poulanzas, Nicos; *Estado, poder y socialismo*. México. Siglo XCXI editores. 1984. 5ª edición.
7 Harnecker, Martha. *Los conceptos fundamentales del materialismo histórico*. México. Siglo XXI editores, 1976. 26ª edición, Pág. 87.
8 Foucault, Michel. *Vigilar y castiaar*. México. Siglo XXI editores. 1981. 6ª edición Pág. 29 y ss. Aunque este autor no es considerado criminólogo.
9 Goffman, Erving. *Internados*. Argentina. Amorrortu editores, 1972, segunda edición. Pág. 124. Sin ser criminólogo sus obras se han convertido en material de estudio para la criminología.Cuando ente autor sostiene que existe 'relación dinámica entre una institución total y la sociedad mayor que la sostiene...', pues vemos, que sin ser considerado un marxista o un sociólogo, plantea la relación que analizamos.
11 Darío Melossi y Massimo Pavarini, *Cárcel y fábrica*. México, Siglo XXI editores. 1980.
12 Muñoz Conde, Francisco. *Mam y la nueva criminología*, en. Nuestra Bandera n® 123. Revista eórica y Política del Partido Comunista de España, marzo-abril 1984. Pág. 43 a 47.
12 Baratta, Alessandro. *Criminología crítica y política penal alternativa*. Fotocopia sin data, Pág. 49
13 George Rusche y Otto Kirchheimer. *Pena y estructura social*. Colombia. Editorial Temis. 1984 Pág. 254.
14 Y en esto nos hacemos la auto-crítica, ya que hemos utilizado constantemente dichas categorías socioeconómicas y políticas, sin el suficiente análisis y contraste con la realidad.

histórico[15]. Esto ha llevado a no tener planteamientos que perforen o cuestionen el statu quo, a no tener respuestas que, al mismo tiempo que mantienen nuestra identidad, evitan el desarrollo de estructuras socio-económicas productoras de desigualdad e injusticia. Afirmamos que son categorías eurocentristas porque son producidas a partir de la realidad socio-económica y política europea, en momentos históricos determinados, -como lo plantean Nisbefl[16] y Zeitlin[17]-, siendo tomada esta realidad como centro y medida del resto.

Por lo antes anotado, pretenderemos encauzar estas reflexiones, ya no sobre la veracidad de la relación existente entre lo jurídico y lo socio-económico en Latinoamérica, sino más bien, sobre los que constituye lo socio-económico y su correspondencia jurídica en América Latina, más específicamente, cómo materializar este estudio. La visión que tenemos de Latinoamérica estará influida principalmente por nuestra vivencia boliviana que, aunque limitada, es la mejor que conocemos- y, en mucha menor proporción, por nuestra experiencia en Venezuela. Nuestras propuestas, sin embargo, apuntarán hacia Bolivia.

I.2.- IMPORTANCIA

Ha surgido la afirmación, muy reflexiva, de que la criminología ha perdido su objeto de conocimiento[18] y creemos que es así, que la criminología del siglo pasado e inicios del presente, ha superado el límite impuesto como objeto de conocimiento. Lo ha rebasado, porque el condicionante socio económico que motivó dicho objeto ha sido también rebasado. Al nacer la criminología, no pudo escapar de la influencia positivista de su época y del auge clasificatorio y especializante que ésta conllevó. Cuando fueron superadas las economías nacionales occidentales (para dar paso a la pretensión de economía única de mercado -dudamos de ella- y

---

15   Aron. Raymond. *Las etapas del pensamiento sociológico* . Argentina. Ediciones Siglo XX. Tomo I, Pág. 10.
16   Nisbet, Robert. *La formación del pensamiento sociológico.* Argentina. Amorrortu editores, 1977, Tomo I, Págs. 10 y 11. Plantea como parte de la cultura europea todo el acontecer sociológico del cual nos nutrimos.
17   Zeitlin. Irving. *Ideología y teoría sociológica.* Argentina. Amorrortu editores, 1979. reimpresión, Pág. 10. El autor expresa la idea de 'sociología occidental' a todo el desarrollo intelectual europeo.
18   Gabaldón, Luis Gerardo.. *Control social y criminología.* Venezuela. Editorial jurídica venezolana. 1987. Págs. 7 y 196.

de su correlato de "cultura planetaria[19], las ciencias sociales se ven en crisis; no crisis por la falta de producción intelectual, por el contrario, es cuando existe una mayor motivación. Crisis, más bien, de aquel objeto de estudio, delimitado bajo otros condicionantes socio-económicos; crisis por tener que tomar, de otras "especialidades", temas y categorías para poder desarrollarse. Es pues, superación de las economías nacionales lo que provoca la crisis, ya que los parámetros liberales del Estado se quiebran y, al suceder se crean crisis y se profundizan otras.

Estas crisis motivan la investigación, y así surgen los contestatarios (y también los legitimadores), poniéndose en duda muchas verdades incuestionables hasta ese momento. Pero para ello necesitan de otros campos del conocimiento. Como se sabe fue la crisis económica de la tan conocida depresión yanqui la que destapó una realidad, permitiendo a Shuterland teorizar sobre todas esas acciones de los delincuentes llamados por él de "cuello blanco" [20]. Son las crisis -lo concreto social- las que posibilitan que los contestatarios surjan; claro está que serán contestatarios de ese concreto social y no de otro, aunque ese otro concreto social pueda servir de referencia. Y, fue esta sociedad en crisis la que siguió motivando todo aquel desmonte que condujo a la afirmación de que la criminología perdió su objetivo de estudio. ¿Quién -aprendiz o maestro- de los criminólogos no ha sido influido por esta crisis? Es más, algunos estamos embargados por la sensación de que no tiene sentido seguir con este campo del conocimiento, y que es preferible adentrarse en otros, en algunos de aquellos de los que la criminología está tomando sus temas de estudio, como las ciencias políticas (economía política, sociología política y teoría del Estado, principalmente), y quizás haya razón en ello. Quizás cuando esa desideologización, y su necesaria ideologización, estén más o menos claras, y se haya puesto la raya, como sostiene Gabaldón[21]. no exista campo u objeto de estudio para la criminología o este objeto cambie de tal forma que surja otra disciplina supliéndola. Este estado de

---

19   Idem. Pág. 15.
20   Aniyar, Lola. *Criminología de la reacción social*. Venezuela, Ediluz, 1977. Pág. 86
21   Gabaldón, Luis Gerardo. Ob. cit. Pág. 196.

indefinición -como todos- provoca incertidumbre.

Ahora bien, esa economía única de mercado que pretende una única cultura planetaria es imperialista (económicamente) y eurocentrista (culturalmente)[22]. Es imperialista porque impone patrones económicos que maneja y que le benefician. Por ello dudamos de la economía única de mercado que discursivamente se pregona, ya que en ningún momento pasa por la mente de quienes la fomentan el poner en un mismo nivel de vida a todos, y sólo plantean dichos parámetros para poder utilizar los recursos naturales que requieren para su mercado interno (nacional), desangrando a quienes tienen lo que ellos necesitan[23]. Aunque también es necesario tomar en cuenta las contradicciones internas que hacen posible esta realidad, ya que si existen políticas imperialistas es porque existen políticas nacionales que admiten las oligarquías locales: si hay rey es porque hay súbditos.

Hemos dicho que era economía de mercado eurocentrista porque responde a la realidad europea (y en ella podemos incluir los valores yanquis), caracterizada por la pretensión de ser centro y medida del universo. La idea de cultura única planetaria la encontramos en la criminología crítica llamada por Emiro Sandoval "en Latinoamérica"[24], ya que toma como válidos los aportes y ejemplos europeos y yanquis. Pareciera que a nivel intelectuales, sucede algo similar a lo que pasa en el mundo artístico, en donde triunfa quien se codea y actúa en los mejores teatros de dichas metrópolis; y que el triunfo consiste en poder discutir el mismo tema, con las mismas categorías y sobre la misma realidad, para poder ser considerado un criminólogo respetable.

Pues bien, a esta realidad, el marxismo le hizo el juego, convirtiéndose en su cómplice, situación tal vez entendible por ser producto de una determinada realidad: la europea.

---

[22] Afirmación que de ninguna manera cuestiona a su sociedad en sí, ni a la política interior de sus gobiernos, ya que el bienestar material que han logrado es positivo, sin entrar en las observaciones de otros aspectos; pero ello no significa que tengamos que aceptarlo en la totalidad, ya que como contrapartida su política exterior ha perjudicado a muchas culturas, y lo sigue haciendo, y es esto lo que calificamos de imperialista.
[23] Ver: - Gaieano, Eduardo. *Las vanas abiertas de América Latina*. México. Siglo XXI editores, 1976.
[24] Sandoval Huertas. Emiro. *Sisteme Penal y Criminología Crítica*. Bogotá. Edtt. Temis, 1965. p. 6-7. O autor señala el hecho de que existe una criminología crítica en' Latinoamérica y no de Latinoamérica.

A pesar de que Marx y Engels afirman que el capitalismo destruye toda forma de vida comunitaria y relación familiar (célula básica comunitaria), al sostener que "la burguesía ha desgarrado el velo de emocionante sentimentalismo que encubría las relaciones de familia, y las ha reducido a simples relaciones de dinero"[25], su respuesta es también generalizadora y masificante, ya que en el mismo texto proclaman la unificación: ¡Proletarios de todos los países unidos! Con dicha consigna, abren el camino a la masificación, que conlleva implícitamente, el fortalecimiento de la cultura única. No cuestionamos la validez histórica de dicho postulado contestatario, ya que no es nuestro objeto de estudio. Pero el efecto que ha tenido desde la perspectiva de nuestra realidad, es negativo, ya que en esa dirección se niega la diversidad existente entre lo que se considera proletario -igual a obrero y esto igual a dominio-. Además, ha producido la repetición dañina, y divorciada de la realidad, de la concepción obrerista latinoamericana, como única razón de lucha. Por otro lado, el marxismo reproduce la dicotomía del Bien y del Mal, al contraponer al obrero (representación de explotado, igual a "bien") la figura grotesca, egoísta, calculadora y explotadora del burgués (igual a "mal").

Esto constituye un aspecto más de reflexión, ya que nuestra realidad, a pesar de la influencia occidental producida por la invasión y colonización española, demuestra que el oriundo ha mantenido -aunque dentro de un sincretismo cultural en el cual, sin embargo, prevalece lo propio- pautas propias al respecto. Ha negado así, de alguna manera, la dicotomía occidental del bien y del mal.

Esto lo podemos percibir cuando se observa que los mineros del occidente boliviano le conceden un respeto muy especial a la figura "Tiu" (léase tío)[26], dios a quien se le atribuye el dominio de la profundidad de la tierra; y cómo tienen que estar en buenas relaciones con el Tíu para que éste no se altere y produzca desastres, aunque por influencia española el Tíu lleva cuernos (ya que para el occidental y

---

[25] Marx y Engels. *Manifiesto Comunista*, publicación sin data. Pág. 15
26 Nótese que en el nombre se percibe la influencia española, con un calificativo propio de españoles.

occidentalizado simboliza al diablo -igual al mal-, para el minero no tiene la misma dimensión, pues tiene la seguridad que en ningún momento le haría daño; más bien le permitirá una buena jornada en sus territorios, y quizás le permita encontrar un nuevo filón del metal que busca. De otro lado, en la parte oriental boliviana, en las culturas guaraníticas, encontramos al Tumpa (aquí no hubo influencia española en cuanto al nombre) con características similares al Tíu -aunque ya no como dios de los metales y de la profundidad de la tierra-; dios que le permitirá una buena caza, una buena temporada, con que hay que mantener buenas relaciones, de lo contrario le puede provocar mucho daño. En ambas figuras encontramos el sincretismo del bien y del mal en un solo ser. Estos son los argumentos que nos llevan a reflexionar sobre la validez de aplicar a nuestra realidad las categoría occidentales que desde hace siglos están tratando de imponerse, aunque en Europa misma surjan críticos a ellos[27].

La visión eurocentrista está presente en Marx y Engels y a partir de ellos, en menor grado, es reproducida por los marxistas latinoamericanos-, lo que se nota en afirmaciones plasmadas en el Manifiesto Comunista. Veamos:

a) "El descubrimiento de América..."[28], es un punto de vista eminentemente europeo, ya que para ellos fue un descubrimiento, no así para los que aquí vivían, para quienes, desde su punto de vista fue invasión; b) "...a todas las naciones, hasta las más bárbaras"...[29], expresión que reafirma el criterio eurocentrista (coincidente con los criterios positivistas de la evolución) desde el cual se puede clasificar a una sociedad como bárbara, sin entender su realidad, tomando como medida de todo la "civilización" alcanzada por Europa, implícitamente, determinándose el camino a recorrer: el de la civilización occidental.

Estos elementos tienen que motivar cautela al tratar de reproducir categorías revolucionarias que no surgen de nuestra realidad, sin que ello signifique una desviación

---

27   Luok Hulsman y J. Bermat de Celis. *Sistema penal y seguridad ciudadana: hacia una alternativa.* España. Editorial Ariel. 1984, Págs. 44 y 45.
28   Marx y Engels. *Manifiesto..* ', ob cit. Pág. 11.
29   Idem. Pág 19.

extremada de nacionalismo intelectual. Por ello se hace válida la expresión de Carlos Fonseca (ideólogo y fundador del Frente Sandinista de Liberación Nacional FSLN), quien sostuvo que"... la fraseología revolucionaria o garantiza la profundidad del cambio, y más bien al contrario, puede dificultarlo y hasta impedirlo, al implicar toda una vía equivocada..."[30].

Por todo lo anterior, y ya que nos encontramos en el momento de un proyecto de investigación de trascendencia histórica en el ámbito latinoamericano, el del control social de América Latina, el tema justifica profundización. Para ello es necesario, pues, revisar las categorías (que fueron necesarias en un momento histórico, ya que abrieron espacios para una segunda generación de criminólogos) que fueron traspolados de una realidad coincidente con la nuestra, y que se tornan peligrosas porque pueden desorientar a nacionalidades que luchan por ser. De allí la importancia de una revisión de lo que hay, para descartar lo que no sirve y poder buscar lo que hace falta.

I.3. PLANTEAMIENTO DEL PROBLEMA.

La criminología crítica latinoamericana se ha planteado la tarea del cambio de las estructuras socioeconómicas y del ejercicio del poder, pero ha dado por hecho el conocimiento de esas estructuras y ese ejercicio del poder; así lo demuestra cuando se sostiene que "en los países con relaciones capitalistas de producción, por ejemplo (esquema dentro del cual nos mantendremos por tratarse de aquel que nos concierne directamente..."[31]; o cuando se sostiene que la clase social dominante (burguesía) mantiene un control total de la sociedad[32].

El problema surge cuando contrastamos estas categorías con nuestra realidad y notamos su no correspondencia con ella, como ejemplo, tenemos que el tratamiento derivado de las teorías positivistas no fue nunca aplicado por la "clase dominante". Es más, podríamos decir que cualquier criminólogo positivista podría convertirse en cuestionador de

---

30 Carlos Fonseca. cit. por: Petkoff, Teodoro. *Del optimismo de la voluntad,* Venezuela. Ediciones centauro, 1987. Pág. 132.
31 Aniyar, Lola. *Criminología de la liberación.* Venezuela Ediluz, 1987. Pág. 33.
32 Colanzi, Alejandro. *Delincuencia privilegiada.* Bolivia. Editorial Cabildo, 1985. Pág. 11.

la realidad, en la medida en que denuncia la no aplicación de las teorías positivistas (catalogadas por la criminología crítica como legitimadoras de un orden injusto), o su implementación incompleta o deformada. Al no haber realizado la contrastación suficiente, las respuestas a proposiciones pueden no diferenciarse de las positivistas y liberales, como sucede con el "uso alternativo del Derecho"[33], motivando una interrogante, un ¿Por qué la criminología crítica latinoamericana no encuentra una salida propia, original? ¿Por qué no sirve como instrumento de liberación, aunque se ha llegado a plantear como una criminología de la liberación?[34]

I.4. HIPOTESIS.

Podemos plantearnos las siguientes hipótesis, como respuesta a verificar en el transcurso de la investigación a realizar:

a) Entre los criminólogos críticos latinoamericanos de primera generación existen tendencias que mantienen una incoherencia por cuanto se cuestiona bajo un parámetro marxista instrumentalista -voluntarista-, y por otro lado proponen alternativas que se enmarcan dentro de la perspectiva de la "autonomía relativa del Estado".

b) Los criminólogos críticos latinoamericanos -de primera generación- no han contrastado lo suficiente sus categorías básicas con la realidad latinoamericana, y de allí la tendencia a magnificar el control ideológico como instrumento hegemónico.

c) El punto constante de observación, para los criminólogos -de segunda generación-, es la agresión imperialista, la cual se torna como contradicción principal de nuestras realidades.

I.5. OBJETIVOS

Los objetivos perseguidos por el presente trabajo a realizar, se pueden establecer de la manera siguiente:

---

[33] Aniyar, Lola. *Notas para la discusión de un control social alternativo,* en: *Criminología Crítica.* 1er. Seminario, Colombia. Editado por la Universidad de Medellín. 1984. pág. 80.
[34] Aniyar, Lola. *Criminología de la liberación.* Ob. cit.

I.5.1. Objetivo General

Contribuir a la desmitificación de las categorías Estado, Clases Sociales, Derecho y Control Social Manejados por los criminólogos críticos latinoamericanos de la -primera generación-, por su no correspondencia con nuestras realidades, y el determinismo socio-económico y político que conllevan el manejo y las propuestas que a partir de ellas se plantean.

I.5.2. Objetivos Específicos.

a) Encontrar instrumentos de análisis con los cuales poder iniciar la investigación sobre el Control Social en Bolivia. En esta perspectiva, contribuir a la criminología crítica latinoamericana de Segunda Generación en su búsqueda histórica de aportación a los movimientos sociales libertarios.

b) Encontrar una aproximación a la realidad boliviana.

I.6. MODO DE OPERAR.

A pesar de existir intentos de cuestionamiento en la criminología crítica latinoamericana[35], [36], en cuanto a las categorías a revisar en el desarrollo de la investigación, estas no han sido suficientes, razón por la cual existe una limitación en cuanto a antecedentes teóricos, lo que nos obliga a acudir, por esta razón, al campo de las ciencias políticas. Por estas limitaciones, el trabajo de investigación a emprender tendrá un carácter exploratorio.

Como está claramente delimitado el trabajo a realizar, en la primera parte recurriremos al análisis bibliográfico, y además, como refuerzo, analizaremos noticias periodísticas importantes. En la segunda parte también utilizaremos las mismas fuentes, más la experiencia directa que nos proporcionará el ser protagonistas de las vivencias que analizaremos.

---

35 Santos, Thamara y García M. Emilio. *Notas Críticas sobre aspectos político-jurídico para una Criminología Radical en América Latina*, en: *Capítulo Criminológico Nº 5*, Ediluz, Venezuela 1977, págs. 267 a 283.
36 Delgado Rosales, Francisco J. *Inseguridad ciudadana en Venezuela:*. 1983 - 1986. Tesis de Maestría, mecanografiada, Venezuela 1986.

I.7. OPERACIONALIZACION DE CONCEPTOS.
I.7.1. Ideología

En la perspectiva materialista, también denominada "marxista[37], la concepción de la ideología se traduce por "falsa conciencia". Esto se plantea, no siempre expresamente, a partir de Marx, y así se la concibe dentro de esta corriente del pensamiento[38]. Se podría estar de acuerdo con dicha tesis, pero es que la misma implica unos resultados o consecuencias que no son tomados en cuenta, convirtiéndose esta en una verdad a medias y peligrosa, porque puede tener los efectos del "boomerang" cuando los que así lo conciben están en el manejo del poder.

La concepción de ideología que se manejará en el presente trabajo será la de "proyecto político"; y desde esta perspectiva es posible comprender aquello de "falsa conciencia", ya que el "proyecto" vendría a postularse como el deber ser o conciencia, sólo que, al no realizarse o no ser realizable el proyecto idealista liberal burgués, se convierte en un proyecto político falso, y de allí que, quienes se sitúan en una postura contraria, lo vean como una conciencia -o proyecto- falso. Esto no tiene que limitar la visión y llevarnos a generalizar; es necesario especificar cuál ideología es potencialmente falsa por su imposibilidad de realización, en virtud de grandes

---

[37] El postulado de 'bolivianizar* el marxismo -o latinoamericanizarlo- debe ser analizado muy detenidamente ya que implica un ajuste doctrinario a una realidad concreta -históricamente, por impuesto-; implica la continuidad de la imposición teórica a la realidad. Aunque por otro lado, la Intención es diferente, ya que implicaría la producción de categorías propias, resultado del análisis histórico concreto. Para ello es necesario tener claro que lo utilizable del marxismo es la dialéctica materialista, como instrumento de análisis de lo concreto y no así el materialismo histórico, ya que oste viene a ser la aplicación de la dialéctica materialista a un histórico concreto: Europa V más nnpecíficamente, el desarrollo de dicha sociedad hasta su etapa actual: el capitalismo. Ello no Implica descartarlo, más bien, el tenerlo como referencia significa no andar a ciegas en el camino de la construcción teórica de lo concreto boliviano. Por ello, el uso del término "materialismo dialéctico* y no de "marxismo"; sin pretender restar importancia a ese grande del siglo pasado, nomo lo fue Marx, y menos su gran legado teórico.

[38] Carlos Marx y Federico Engels. La *ideología alemana*. Colombia. Ediciones Bogotá, 1976. pás. 28 y sgtes.
Konstantinov, F. y otros. *Fundamentos de filosofía marxiste leninista*. Moscú. Editorial Progreso, 1982, págs. 215 y sgtes.
I larnecker, Martha. Ob. cit. págs. 103 y sigtes.
Iíicques-Alain Miller y Thomas Herbert. *Ciencias Sociales: Ideología y conocimiento*. México. Siglo XXI editores, 1979,2* edición Págs 75 y sigtes.
Silva, Ludovico. *Teoría y práctica de la ideología*. México, Editorial Nuestro tiempo SA 1982. 11* adición, pág. 14 y sigtes
Althusser, Louis. Ob. cit. pág. 54 y sigtes.
Paz. Octavio. *El Ogro Filantrópico*. España. Seix Barral Editorial, 1981. 2* Edición, pág, 89. Aquí, attte exquisito autor mexicano que podría no ser etiquetado de marxista por sus fuertes críbeos, maneja la misma concepción cuando afirma: *'En nuestro siglo la ideología no sólo es un vidrio de aumento: también es un cristal deformante que produce toda clase de aberraciones no cromáticas sino* morales.

contradicciones que conlleva, principalmente presentes entre los postulados liberales y los intereses concretos de los sectores que usan el poder económico y político. También dentro de esta concepción de falsa conciencia se pueden ubicar los proyectos políticos -ideologías- de aquellos sectores que, ubicándose en la perspectiva marxista pretenden aplicar dicho cúmulo teórico a una realidad concreta y que al fracasar, sus máximos "guardianes sagrados", para racionalizar su incapacidad exclaman: "las masas no estuvieron a la altura del programa revolucionario"[39]. Sí, es también ideología o proyecto político falso todo aquel que no parta del análisis de lo concreto histórico, de la explicación exhaustiva de sus contradicciones y composición, sea éste un proyecto idealista o materialista. Por ello, todo proyecto político (ideología) verdadero es realizable, es una utopía-concreta; utopía porque conlleva la aspiración o búsqueda de algo mejor cualitativa y cuantitativamente; y se concreta, porque parte de lo concreto histórico, recogiendo las aspiraciones y los métodos de lucha de quienes pretenden esa vida diferente, y de allí su cualidad de ser realizable. Por ello, también todo proyecto o ideología tiene dos niveles: el real (representación de las relaciones materiales objetivas), y el utópico, las aspiraciones a realizar. Por la dinámica dialéctica, las Ideologías pueden quedar impregnadas de aspiraciones de otros proyectos, que pueden ser contrarios y opuestos, siendo osta situación comprensible ya que el hombre se desenvuelve en medio de una rica interacción, y por ello muy difícilmente podría eludir este "contagio" ideológico contrario, más aún cuando sean proyectos en surgimiento que no han tenido ocasión de ser cuidadosamente analizados y, en cuanto a las ideologías dominantes, por lo general se puede captar lo esencial o principal, siendo dificultoso el identificar lo entendido como accesorio, pero que en última instancia, esto secundario reproduce y conlleva lo esencial del proyecto o ideología.

---

[39] Pertenecen al Secretar» General del Comité Central del Partido Obrero Revolucionario (PO R), quien desde el exilio las lanzó, como parte del análisis de lo que fuera el proceso popular encabezado por Juan José Torres que finalizó con el sangriento golpe militar que llevó a la presidencia a Hugo Banzer, apoyado por los yanquis y el gobierno gorila brasilero.

I.7.2. Objeto de estudio de la Criminología Latinoamericana.

Se ha sostenido que la criminología -en Latinoamérica- tiene que ser concebida como una teoría crítica del control social[40], y cuyo objeto de estudio principal será la "discusión racional de las relaciones de poder"[41], poniendo en un plano no principal el estudio de lo criminalizable[42]. Este desbordamiento, en cuanto al viejo objeto de estudio de la criminología, es válido y justificado históricamente, aunque concebirlo de una manera tan amplia provoca una sensación de incertidumbre[43]. Por ello, el objeto principal de estudio de una criminología latinoamericana debe ser **lo criminalizable,** como un producto de las relaciones de poder. En realidad, significa partir de lo concreto (lo criminalizable), a lo general (las relaciones de poder), aunque nos permitirá delimitar el estudio y no divagar en algo tan general y tan difuso; además, esta propuesta nos ofrece un hilo conductor que nos asegurará no desviarnos de ese objeto de estudio. Y éste tendrá que ser el conductor de ese trascendente e histórico proyecto de investigación sobre el control social en América Latina[44].

Por ser un instrumento a utilizar en aquella investigación sobre el control social, es que se intentará hacerlo útil, permitiendo su manejo en distintos aspectos. Este término implica dos perspectivas a seguir. La primera es es estudio de las conductas criminalizadas como resultado de contradicciones -de y- en coyunturas socio-históricas concretas: las relaciones de poder y el control social no serán manejadas en general, sino en cuanto criminalicen. Se estudiará en esta perspectiva cuáles han sido las razones

---

40 Aniyar de Castro, Lola. *Conocimiento y orden social: Criminología como legitimación y criminología de la liberación.* Universidad del Zulia, Maracaibo 1981, pág. 33.
Aniyar de Castro, Lola. *Criminología de la Liberación* Ob. cit. pág. 34
41 aunque ya lo planteara en ocasiones anteriores, la Dra. Lolita Aniyar de Castro concretó esta idea, definiéndola como el objeto principal de estudio de la criminología; afirmación vertida en el Seminario sobre *"La nueva criminología en América Latina. Situación actual y perspectivas"*, que coordinara Franciso Delgado, en 1988. como parte de la 1ª Maestría Latinoamericana en Ciencias Penales y Criminológicas, realizada en Maracaibo.
42 Aniyar de Castro, Lola. *Conocimiento...* ob. cit. pág.45
Aniyar de Castro, Lola. *Criminología de la Liberación* Ob. cit. pág. 40
43 Colanzi Zeballos, Alejandro. *Desideologizar para ideologizar.* en pos de una criminología por la paz. Ponencia presentada al encuentro Internacional por la Paz, el Desarme y la vida, realizada en Mérida, Venezuela 1988, mecanografiado, págs 6 y 7
44 Uno de los grandes aportes -por su importancia histórica- de la Dra. Lolita Aniyar de Castro a las generaciones de criminólogos y penalistas latinoamericanos.

socio-políticas y económicas y los mecanismos que han hecho posible esta situación.

La segunda perspectiva se subdivide en dos vetas de investigación a seguir. Ambos parten de una re-conceptualización de lo concebido como lo anti social. Ya planteamos la redimensión de dicho concepto[45], siendo mejorado posteriormente[46], llegando a concebirlo como "Todo aquel comportamiento humano que va contra el bien común... [47]; y, el bien común es explicado por el Concilio Vaticano II como "...el conjunto de las condiciones de la vida social que hacen posible, a las asociaciones y a cada uno de sus miembros, el logro más pleno y más fácil de la propia perfección", lo que coincide con lo sostenido por la III Conferencia General del Episcopado Latinoamericano reunido en Puebla, que sostuvo que el bien común consiste"... en la realización cada vez más fraterna de la común dignidad, lo cual exige no instrumentalizar a unos en favor de otros y estar dispuesto a sacrificar aun bienes particulares[48]; dentro de la misma óptica el Papa Juan XXIII, en sus encíclicas, *Pacem in Terris* (Paz en la 'herraj[49] y *Mater et Magistra* (Madre y Maestra)[50], define el bien común, como el conjunto de las condiciones sociales que permiten y favorecen en los seres humanos el desarrollo Integral de su persona. Entonces la denominación de antisocial que se le otorga a todo aquel lumpen que se apropia de una cartera y otro bien, mermando el patrimonio privado, es inadecuada, ya que su conducta no afecta la generalidad de la sociedad y, más bien, es producto de las condiciones antisociales a las que otros -verdaderos antisociales que las generan- los han llevado. El antisocial no necesariamente quebranta la ley, ya que generalmente su conducta no es tipificada como delito, como por ejemplo en el caso de la apropiación de la plusvalía o del pago de salarios que no permiten tener una vida más o menos humana, como también las conductas de saqueo de las arcas del Estado o el

---

45 Colanzi Zeballos, Alejandro. *Delincuencia privilegiada*. Ob. cit. Pág. 10
46 Colanzi Zeballos. Alejandro. *Granja de Espejos: ¿Aberración Jurídica o lucha de clases?* Editorial Cabildo. Santa Cruz- Bolivia 1987. págs 20-21.
47 Rodríguez Manzanero, Luis. *Criminología*. Editorial Porrúa, S.A. México 1979, pág. 21.
48 CELAM. *Puebla*. Editores: Paulinas y Presencia, Solivia 1979, pág. 108.
49 Juan XXIII, *Pacem in Terris*.. En: *'Ocho grandes mensajes"* Editorial B.A.C., Madrid 1974, 7ª edición, pág. 227.
50 Juan XXIII, *Mater et Magistra* En: *"Ocho grandes mensajes'*, ob. cit. pág. 152.

genocidio, etc.; asimismo, son antisociales aquellos que teniendo en sus manos la dirección de un grupo de personas, grande o pequeño, les niegan las posibilidades de realizarse como humanos, sometiéndolos a situaciones infrahumanas y no respetando su dignidad ni sus vidas.

El concepto de antisocial lo utilizamos en forma transitoria, mientras la criminología latinoamericana realiza el ya mencionado proyecto de investigación sobre el Control Social, de donde emergerán respuestas y redefiniciones de muchas categorías; de allí la razón por la cual no se responde la pregunta que necesariamente surge: ¿Existe y qué es el bien común? Por lo cual tampoco se profundiza dicho aspecto en el presente trabajo. Creemos que los aportes relacionados con dicho tema específico (intereses generalizables o bien común), efectuado por los esposos Hermán y Julio Schwedinger[51], Alessandro Baratta[52] y Lolita Aniyar de Castro[53], también tendrán que ser revisados cuando el supracitado proyecto latinoamericano arroje los resultados finales (nunca definitivos).

Por otro lado, en este segundo nivel podemos tener también dos vetas de investigación a seguir, como señaláramos anteriormente. Una primera veta a investigar es respecto al uso del poder (nótese que no se escribe "abuso") en cuanto se torna en antisocial o produce condiciones antisociales; y, este uso de poder, será estudiado simultánea y paralelamente con lo criminalizado a través de la historia, tratando de comprender en cada coyuntura socio- histórica los valores imperantes y los grados de aceptación de la población. La segunda veta de investigación será más bien el producto de todo lo anterior, ya que una vez finalizado el proyecto del control Social, este concepto provisional de antisocial será

---

51 Hermán y Julia Schwendinger. ¿*Defensores del orden o custodios de los Derechos Humanos?*. En: "*Criminología Crítica*" de Taylor. Walton y Young. Editorial Siglo XXI, México 1977, pág. 149 y sigtes.
Hermán y Julia Schwendinger. *Clases Sociales y la Definición de Delito*. En: *Capítulo Criminológico N° 13*. Edi- LUZ, Maracaibo 1986. pág. 201-224.
52 Baratía, Alessandro. *Requisitos mínimos de respeto de los Derechos Humanos en la ley penal*. Ponencia presentada al V Seminario de Criminología Comparada, Managua-Nicaragua 1985, en: Capítulo Criminológico N® 13. Ediluz, Maracaibo 1986. págs. 79 a 99.
53 Aniyar de Castro, Lola. La nueva criminología y los Derechos Humanos, Mecanografiado, sin data.
-Anjyar de Castro, Lola. Un debate sin punto final. Mecanografiado, sin data
-Aniyar de Castro, Lola. La nueva criminología y lo criminalizable. En: 'Revista del Colegio de Abogados Penalistas del Valle". N° 15. Volumen VIII, II Semestre 1986. Cali, Colombia, págs. 47 a 55.

redimensionado, permitiendo una continuidad de las valoraciones no dominantes e imperantes en la mayoría de la población. Este, será el aporte al proyecto político en general.

Las dos perspectivas del objeto de estudio de la criminología latinoamericana tendrán tres niveles a cubrir: a) el micro-social, que implicará el análisis exhaustivo de lo concreto incluyendo los factores Sico-sociales (concepción subjetiva de la sociedad, aspiraciones o expectativas individuales y juicios de valor explícitos o implícitos); b) un nivel intermedio, que nos llevará al análisis de los mecanismos -formales e informales- que viabilizan o posibilitan la realización de dicho concreto, o sea, de las estructuras de las relaciones de fuerza; c) el nivel macro social que cubrirá las estructuras y la naturaleza de los intereses sociales y/o las condiciones socio-económicas que están detrás de dichos concretos a estudiar. Estos tres niveles cubrirán cada una de las perspectivas del objeto de estudio, no en forma mecánica y parcelaria, sino bajo una concepción de totalidad dialéctica.

A continuación, presentamos un diagrama del objeto de estudio de la criminología latinoamericana.

I.7.3. Generaciones.

El introducir esta idea podría provocar más de un problema, ya que implicaría la revisión detallada de toda la producción criminológica latinoamericana de la perspectiva crítica, así como, también, establecer los parámetros con los cuales medir dicha producción, pero también, y principalmente, encasillar a cada uno en las divisiones generacionales establecidas. Como el objetivo principal del presente trabajo no contempla el hacer tan detallada investigación (tan necesaria en este momento para nuestra criminología latinoamericana), establecemos las pautas generales sin encasillar algún nombre.

En la historia aún no contada de la criminología latinoamericana[54] es necesario establecer etapas -no calendarías-, y de allí establecer generaciones -no biológicas- . Así, una primera generación se puede distinguir por el espacio que abrió, en Latinoamérica, para el estudio criminológico crítico, generación ésta de trascendencia histórica, ya que el objetivo fue alcanzado, de allí los grandes espacios existentes para el estudio criminológico; muestra de ello es toda la producción intelectual con que se cuenta actualmente, resaltando los estudios venezolanos que se han realizado en la Universidad del Zulia y la Universidad Central, y cuyo mayor logro ha sido la realización de la Maestría Latinoamericana en Ciencias Penales y Criminológicas, desarrollada en el Instituto de Criminología de la Universidad del Zulia. Esta primera generación se caracteriza por el manejo de categorías traspoladas de la criminología -y de otros campos del saber- de otras realidades, siendo esto comprensible, por razones que no analizaremos, por no ser objeto de estudio; por ello, ¿el manejo teórico se ha movido en lo general? Por la coyuntura histórica en la que se produce, podemos distinguirla por su fuerte carga ideológica (reiteramos: eurocentrista y, necesaria y, de allí comprensible) por el objetivo a cumplir: abrir espacios de discusión. Por su fluir dialéctico, es una pionera de esta primera generación (ver nota 40) quien propone el proyecto

---

54 Aniyar de Castro, Lola. Un largo editorial: La historia aún no contada de la criminología latinoamericana. En: "Capítulo criminológico", N° 9 - 10. año 1981-1982, Editado por la Universidad del Zulia. Maracaibo 1984, págs 7 a 22.

sobre el estudio del Control Social en América Latina; y es aquí donde podemos ver los umbrales de una segunda generación, que se está produciendo. Existe un buen grupo de criminólogos que podríamos denominarlos como la transición hacia esa segunda generación, claro que de este grupo existen distintos grados de acercamiento a esta nueva etapa. El establecimiento de la existencia de este grupo denominado de transición, se fundamenta en que maneja las categorías teóricas que se vienen produciendo en el ámbito de las ciencias políticas en Latinoamérica -sobre Latinoamérica-, aunque prevalece en ellas la influencia de las concepciones eurocentrista de la criminología, el Derecho y la Política. Algunos han iniciado el análisis de coyunturas históricas, aunque por ello no se las puede aceptar como parte de una segunda generación. La segunda generación la constituirán aquellos criminólogos latinoamericanos que culminan el análisis socio-político de lo que se ha criminalizado en cada una de nuestras nacionalidades en su fluir histórico y emitan planteamientos acordes con esos estudios, o sea, manejen la totalidad histórica de sus realidades para, que con ello (esas totalidades-partes) se levante ese gran proyecto político que denominamos lo latinoamericano, distinguiendo y descartando la idea de que sea una realidad homogénea. Sólo usamos la expresión en su perspectiva geográfica.

I.7.4. Liberación y Liberalización.

Es conveniente tener clara la diferencia existente entre lo que se entiende por liberación y por liberalización, con el objeto de no confundirse y hacer propuestas con títulos que no corresponden. Por ello, liberación o emancipación, se entiende todo movimiento social que busca despojarse de estructuras (económicas y socio-políticas) y valores (ideologías = proyectos políticos) que niegan su fluir histórico alienados- y levantar las banderas que aglutinan, tras ella, a quienes contribuyen en este cometido, devolviendo al hombre su dimensión de actor social y constructor de su historia. Por ello, los aportes teóricos que ayuden en este sentido podrán entrar en ese gran proyecto político de liberación o emancipación. Por otro lado, se entiende por liberalización todo aquello que viabiliza la materialización de un Estado Liberal ya sea como etapa final o de transición, no importando el sustento epistemológico. Ambos, desde la perspectiva boliviana -extensible a Latinoamérica- son concepciones antagónicas. Aunque desde una posición de liberación es posible la utilización de espacios liberales, tornándose bastante peligroso, pero debiendo en última instancia, plantearse el perforamiento de la esencia liberal.

CAPITULO II

II. CONTRASTACION NECESARIA.

II.1. LOS PUNTOS BASICOS DE DISCUSION.

Como el objeto de estudio de la criminología tiene una perspectiva sociopolítica, esto conlleva la necesidad de tomar categorías utilizadas en las ciencias políticas (aunque también de otros campos), para poder entender, en su real dimensión, lo criminalizable. Se presenta un gran problema cuando se toman categorías que se suponen universales, pero que al contrastarlas con realidades concretas no se corresponde. Es necesario rechazar, en primer lugar, la idea de que las categorías son universales, y en segundo lugar, estar claros en que algunas categorías son producto de Interpretaciones (abstracciones) sobre concretos históricos iguales; resultando de esto, la imposibilidad de aplicación de las categorías, levantadas sobre una coyuntura, a un contrato histórico diferente.

En el presente capítulo analizaremos categorías manejadas en la criminología crítica, no el concepto, sino su grado de acercamiento con análisis planteados por estudiosos de Latinoamérica y, principalmente, contrastando untos aportes con la realidad boliviana en un intento de acercamiento a ella. Estas categorías se constituyen en lo esencial para todo análisis de lo criminalizable, las tinciones de poder que lo hacen posible y los condicionantes materiales que hay detrás. El estudio del Estado su estructura económica y la sociedad política que lo administra-, de los sectores o grupos sociales que conforman la sociedad civil -

principalmente el comportamiento de los privilegiados- y, cómo se da el Derecho y el Control Social, se hace necesario, mejor dicho, imprescindible, puesto que constituyen lo básico de una concepción socio-política, dependiendo de ellas el poder construir el resto sobre bases sólidas y útiles al proyecto liberador.

El intento de acercamiento a la realidad boliviana se hará desde ángulos diversos, pero principalmente a partir de la descripción de una comunidad, de las estadísticas de la Comisión Económica para América Latina y el Caribe (CEPAL) y del Banco Interamericano de Desarrollo (BID), reforzadas con otros datos y particularidades que nos pueden dar una noción de todo.

II.2. LA ESTRUCTURA ECONOMICA

Es probable que se cuestione el uso indistinto de opiniones sobre particularidades diferentes, en relación a este punto. Existen razones para hacerlo de esta manera, ya que a pesar de las diferencias entre los países que conforman Latinoamérica, existen puntos de coincidencia que se vienen dando desde un 12 de octubre de 1492, fecha en que se inicia la invasión a estas tierras que ya tenían dueños. Además, la perspectiva que intentamos plantear, nos lo permite.

No analizaremos los conceptos sobre lo que son las relaciones de producción porque no es nuestro objetivo.

II.2.1. Opinión de los Criminólogos Críticos.

El criterio constante de los criminólogos es aquél que caracteriza a Latinoamérica -y a los países que lo componen- con una estructura económica capitalista, en condiciones de dependencia del centro del capitalismo industríal[1], y, en los

---

[1] Si observamos las publicaciones de Revista Capítulo Criminológico y otras obras, en ellas veremos las opiniones que hemos puntualizado; así, siguiendo un orden cronológico podemos revisar lo siguiente:

-Lola Aniyar de Castro y Thamara Santos Alves. *Prisión y Clase Social.* En: Revista "Capítulo Criminológico" N? 2 Organo del Centro de Investigaciones Criminológicas de la Universidad del Zulia. Publicada por Ed. Luz, Maracaibo, 1974, Pág. 8

- *Emperatriz Arreaza Camero.* Notas para un concepto de ideología en los medios de comunicación soaalpara el estudio criminológico del delito y el delincuente. En: Revista 'Capítulo Criminológico' N°2. *Ób. cit. págs.* 76 y 77.

Emperatriz Arreaza Camero y Thamara Santos A. *Problemas metodológicos de la investigación mlminológica.* En: Revista *"Capítulo Criminológico"* N° 3 Organo del Centro de Investigaciones Criminológicas de la Universidad del Zulia. Publicada por Edi Luz, Maracaibo, 1975, Pág. 95.

Jiménez A. María Angélica. *Conflictos de cultura:* :"Los guajiros reclusos", un caso de illmiriminación étnica. En Revista 'Capítulo Criminológico" N° 4 Organo del Instituto de Criminología il« In Universidad del Zulia.

últimos años se incorpora la perspectiva de la heterogeneidad estructural, aunque privando el capitalismo. Inclusive se manejan las categorías de "subdesarrollo" y "Sociedades avanzadas"[2].

Sin ser necesariamente intencional, al formular dichas categorías se lo está haciendo desde un punto de vista eminentemente eurocentrista. Se está evaluando o midiendo desde una perspectiva latinoamericana, ya que seremos subdesarrollados y sociedades no avanzadas en relación al "desarrollo" alcanzado por las sociedades eminentemente capitalistas, las cuales, por ello, pueden ser catalogadas como "avanzadas". Se está utilizando como parámetro de medición a sociedades donde se hizo posible dicha formación socio-económica.

Por otro lado, la generalizada categoría de "dependencia" es también un punto de vista parcial y eurocentrista. Es parcial y eurocentrista porque sólo toma en cuenta las

---

Publicada por Edi Luz, Maracaibo. 1976, Pág. 137.
Aniyar de Castro, Lolita. *Investigación Criminológica en Venezuela. Problemas y Perspectivas.*
I n Revista *'Capítulo Criminológico" Nº 5* . Organo del Instituto de Criminología de la Universidad ilal 7ull« Publicada por Edi Luz, Maracaibo, 1977, Pág. 11.
Arruaza de M., Emperatriz. *La nacionalización inconclusa o la política comunicacional del Estado nomo factor criminógeno.* En: Revista *'Capítulo Criminológico" Nº 5* . Ob. cit. Pág.58.
I humara Santos y Emilio García Méndez. *Notas críticas sobre aspectos políticos-jurídicos para una Criminología Radical en América Latina.* Ob. cit. pág. 271. En este artículo se introduce una imrnpectiva diferente tomada de la obra de Samir Amín ("La Acumulación a Escala Mundial*. Crítica de In teoría del subdesarrollo. Edit. Siglo XXI. Argentina, pág. 59). apuntando hacia la 'Implantación' del capitalismo. Esto apunta hacia proceso desde fuera y no como producto del ila•arrollo o fluir socio-histórico.
Arronza de Márquez, Emperatriz. *El caso de la página roja.* En: Revista *"Capítulo Criminológico" N* ti* Organo del Instituto de Criminología de la Universidad del Zulia. Edi Luz, Maracaibo, 1978, l'Ag 25.
Aniyar de Castro, Lola. *Conocimiento y orden social: criminología como legitimación y nlimnología de la liberación.* En Revista *'Capítulo Criminológico" Nº 9/10*, años 1981 - 1982. Organo del Instituto de Criminología de la Universidad del Zulia. Ediluz. Maracaibo, 1984, Págs. 44 y t)1 Publicado también por separado.
(torcía Méndez, Emilio. *Política, Derecho y crítica específica.* En Revista *'Capítulo Criminológico" N* 0/10.* Ob. cit. Pág. 97.
Arronza Camero. Emperatriz. *Procedimiento en la legislación ambiental venezolana.* En: Revista *"Capitulo Criminológico" Nº 14,* año 1986. Organo del Instituto de Criminología de la Universidad del Zulia. Edi Luz, Maracaibo, 1988, Pág. 236.

Así también podemos observar en otras obras publicadas; veamos:

Rol Olmo, Rosa. *Ruptura Criminológica.* Editado por la Universidad Central de Venezuela (i tildones de la Biblioteca). Caracas, 1979, pág. 145. Resalta la visión de la heterogeneidad socioeconómica.
Colnnzi Zeballos, Alejandro. *Delincuencia Privilegiada.* Ob. Cit. pág. 10. Se planteó la relación de mtnidapendencia desventajosa; también plantearnos nuestra visión latinoamericana: modo de (H'Mluoción capitalista atrasado, desigual y combinado.
Colnnzi Zeballos, Alejandro. *Granja de Espejos: ¿Aberración Jurídica o lucha de clases?.* Trabajo fiiannntado en agosto de 1986 a la Sociedad Boliviana de Ciencias Penales y publicado INHiinriormente. Ob. cit págs 13 y 14.
Itelyndo Rosales, Francisco Javier, *Inseguridad ciudadana en Venezuela;* Ob. cit. pág. 35. llantén la visión de la dependencia y la heterogeneidad estructural.
2 Aniyar de Castro, Lola. *Investigación Criminológica en Venezuela.* Ob. cit. pág 11.
Thmara Santos y Emilio García M. *Notas críticas...* Ob. cit. pág. 28.

necesidades que nuestros países tienen para poder llegar a ser una sociedad "capitalista desarrollada", como única vía de desarrollo histórico. Y como son las sociedades "desarrolladas" las que poseen dichos requisitos, de allí nuestra "dependencia". Esto es muy parcial porque no toma en cuenta el gran saqueo que se viene realizando a estas tierras desde su invasión hace aproximadamente cinco siglos. ¡Pero si hasta nuestras wawas[3] se llevan!. Es cierto que no tenemos tecnología para intercambiar, pero no es sólo esto lo que hace posible establecer una interdependencia: nuestras materias primas y la mano de obra son los elementos que sí lo hacen. Toda relación social implica una interrelación. Más aún en cuanto hay intereses económicos de por medio, ya que nadie mantendrá o sostendrá una relación en la que sólo tenga que aportar sin recibir algo a cambio. Esta no es la mentalidad de los "desarrollados" capitalistas, que todo lo miden en cuanto da ganancias. Por ello, venimos planteando la existencia de una interdependencia[4]. De una forzada interdependencia desventajosa. Y creemos que esto parte de un punto de vista latinoamericano.

La calificación de heterogeneidad estructural (también percibida como desarrollo desigual y combinado) en los últimos tiempos está desplazando las categorías de la "dependencia" y del "subdesarrollo". Es una categoría que por su uso se está poniendo de moda[5] y, a pesar de que es mucho más aceptable que las otras ya señaladas, sigue manteniendo una perspectiva eurocentrista. Es una categoría de la cual se puede rescatar un aspecto importante, aquel que nos indica que en un país existe diversidad en cuanto a estructura económica, así como también la diversidad en cuanto a valores y a todas las consecuencias que se pueden desprender de dicha diversidad. Y, esto es importante, ya que nos obliga a

---

3 Wawa = bebé, palabra quechua, Continuamente sale a la luz pública, denuncias sobre tráfico de niños hacia Europa, o mejor dicho, hacia los países avanzados y desarrollados, en los cuales sus mujeres, por la dinámica de dichas sociedades, ven frustrada su maternidad, y como existen los bárbaros latinoamericanos que no les importa, pues allá vamos. Lo fácil y económico que representa, es otro factor interviniente. Habiéndose formado grupos en los que intervienen abogados, funcionarios públicos, etc., que manejan este negocio.
4 - Colanzi Zeballos, Alejandro. *Delincuencia privilegiada*. Ob. cit. pág. 11.
- Colanzi Zeballos, Alejandro. *Desideologizar...* Ob. cit. pág. 18.
5 Esta perspectiva está desarrollada por teóricos sobresalientes, entre ellos:
Evers, Tilman. *El Estado en la periferia capitalista*. Siglo XXI editores, México 1985, 3ª edición.
Lechner, Norbert. *La crisis del Estado en América Latina*. El Cid Editor, Caracas 1977.

detenernos y analizar las propuestas cargadas de una perspectiva homogeneizante, como son las soluciones liberales. Por otro lado, decíamos que no deja de ser eurocentrista en cuanto a que esa diversidad interactuante de los modos de producción sigue siendo medida bajo un parámetro de desarrollo socio-económico ajeno. Se están observando etapas, que fueron parte de un proceso ajeno y no en el que se encuentra Latinoamérica, las que se combinan con islas de capitalismos "desarrollados".

Cuando planteamos la idea de una "forzada interdependencia", estamos apuntando a un aspecto que también podemos percibir en Thamara Santos y Emilio García al señalar que el capitalismo de nuestros países ha sido "implantado externamente"[6]. Y es así. Las islas capitalistas son producto de forzadas implantaciones externas, y no son resultado de procesos internos: de este Huir socio-histórico de nuestras sociedades. Tenemos un proceso propio[7] que por la interrelación forzada (la cual liemos señalado) se le han implantado islas que posibilita la visión de estar ante estructuras diversas. Y es necesario, para un proyecto de liberación, mantener este enfoque.

II.2.2. Un acercamiento a Bolivia.

El último censo poblacional se realizó en 1976. No existe una cifra más o menos exacta de la actual población[8], pero manejaremos la de 6.500.000 habitantes (6.5 millones). De ese total, para 1986, la población rural sumó 3.458.000; y la población urbana 3.153.000[9]). Teniendo un porcentaje de 52.3 % de población rural, frente a un 47.7 % de población urbana, con una tasa de crecimiento de la población urbana del 3,6 %.

---

6 Thamara Santos y Emilio García M. *Notas críticas...* Ob. cit. pág 271.
7 Colanzi Zeballos, Alejandro. *Desideologizar...* Ob. cit. pág. 17.

8 - El anuario demográfico de Naciones Unidas de 1981, publicado en Nueva York en 1983, establece en las págs. 248 -249, para 1980 una población de 5.599.592, como resultado de la suma de la población urbana y la rural.
- El banco Interamericano de Desarrollo (B.I.D.) en su Informe 1987, sobre "*Progreso económico y soda! en América Latina,* en la pág 445, para 1980 una población de 5.600.000 habitantes, Para 1986, una población de 6.611.000 habitantes.
- El anuario estadístico de América Latina y el Caribe correspondiente al año 1986, publicado por la CEPAL en junio de 1987, anota para 1980 una población de 5.570 habitantes. Para 1985 la población sería de 6.371.000 habitantes.
9 Banco Interamericano de Desarrollo. *Progreso Económico y Social en América Latina. Informe 1978.* Pág. 446.
- Ver también:
- United Nations. *Demographlc Yeaitook 1981,* New York, 1983. pág. 248.

Para 1976[10] la ciudad de La Paz (sede de gobierno) tenía 635.283 habitantes, Santa Cruz 254.682 habitantes, Cochabamba 204.694 habitantes, Oruro 124.213 habitantes y Sucre (capital) 63.625. Estas son las principales ciudades o centros urbanos del país.

En cuanto a la población económicamente activa por ocupaciones[11]), tenemos para 1976, que de un total de 1.510.600 paisanos económicamente activos, existen:

1er. Nivel

- Gerentes administradores y funcionarios de categorías directivas. 29.000

- Profesionales, técnicos y personas con ocupaciones afines. 88.400

- Personas en ocupaciones no identificables o no declaradas y otras personas (incluye miembros de las fuerzas armadas). 64.700

2do. Nivel

- Empleados de oficina y personas en ocupaciones afines 60.300

- Conductores de medios de transporte y personas en ocupaciones afines. 41.400

3er. Nivel

- Vendedores y personas en ocupaciones afines 78.100

- Agricultores, pescadores y personas en ocupaciones afines. 682.900

- Artesanos y operarios 217.100

- Otros artesanos y operarios, mineros y canteros y personal afín 68.100

- Obreros y jornaleros no clasificados en otros grupos 51.800

- Trabajadores en servicios personales y ocupaciones afines 128.400

---

10   United Nations. Ob. cit. pág. 271
11   CEPAL *Anuario estadístico de América Latina y el Caribe 1986*. Publicado por **Naciones** Unidas, junio de 1987. págs. 720-721.

Se puede notar que la ocupación en la que se desenvuelve el mayor número de la población es la referida a los "agricultores, pescadores y personas en ocupaciones afines". Es bueno hacer notar que los dos rubros de artesanos, no se refieren únicamente a una actividad urbana; es más, predomina una presencia rural. En igual forma predomina la población rural en el rubro de los "trabajadores en servicios personales y ocupaciones afines", las que se relacionan, por el trabajo, con los agrupados en el primer sector; manteniendo, por lo general, sus costumbres y valoraciones.

Muy relacionado con lo anterior tenemos a la "Población económicamente activa por clases de actividad económica" [12]

Veamos:

	Porcentaje
- Agricultura, silvicultura, caza y pesca	53.7%
- Explotación de minas y canteras	3.8%
- Industrias manufactureras	11.3%
- Construcción	4.7%
- Electricidad, gas, agua y servicios sanitarios	0.1 %
- Comercio	6.7%
- Transporte, almacenaje y comunicaciones	3.5 %
- Servicios	16.2%

Es posible que se pueda creer que no son indicadores suficientes los hasta ahora señalados. Estamos de acuerdo con ello. Para conducir hacia la perspectiva que teníamos sobre el tema tratado, hacen falta algunos otros indicadores. Del porcentaje del valor fob de las exportaciones totales de bienes, las exportaciones agropecuarias[13] alcanzaban un 9.7 %, que si lo comparamos con El Salvador (71.9 %) o Guatemala (62.7 %), vemos mucha diferencia, más aún, si la comparamos con Argentina (75.3 %). En cuanto a la utilización de fertilizantes por hectárea de tierra[14], vemos que Bolivia para 1984 (cuando

---
12 Idem. Pág. 104.
[13] Idem. Pág. 157
14 Idem. Pág. 156

alcanza su mayor porcentaje) sólo utiliza (en las tierras de labranza y cultivo permanente), 10 gramos por hectárea, frente a 2.294 que utilizan en las Islas de San Vicente y las Granadinas, 1.642 en Cuba, 1.391 en Costa Rica, entre otras. Si vemos la mecanización de la actividad agrícola, específicamente las "hectáreas de tierra cultivable por tractor"[15], nos encontramos que en Bolivia, cada tractor cultiva 4.396 hectáreas, lo que comparado con las 1.614 de Haití, ya implica enorme diferencia, más aún si la comparamos con las tan sólo 34 hectáreas de la Argentina; denotando esto, la mínima mecanización de la agricultura. Si estamos en la actividad agrícola, pues requerimos de transporte, y de vías de comunicación. Bolivia con sus 1.098.581 kilómetros cuadrados de superficie, cuenta con 40.969 kilómetros de carreteras[16], de las cuales sólo el 4% están pavimentadas (en 1983), que si comparamos (con países menos extensos y no agrícolas) con Venezuela (75.772 kilómetros de carretera, con un 32 % de ellas pavimentadas), con Uruguay (49.813 kilómetros, con un 20 % pavimentadas) o con Chile (79.224 Km con 12 % pavimentadas), notamos gran diferencia. En cuanto a la red ferroviaria[17], Bolivia cuenta con 34.127 kilómetros. Es bueno hacer notar que las principales vías férreas unen con países vecinos (Brasil- Santa Cruz; Argentina-Santa Cruz; Chile-La paz), de quienes importamos más que exportamos. Otro dato importante es aquel que nos indica qué se produce[18], teniendo para 1978 a la producción de caña de azúcar, papa y maíz en los primeros lugares, indicándonos estos dos últimos, que la producción está dirigida al consumo interno.

Por otro lado, en cuanto a la "población económicamente activa por categoría de empleo[19], para 1976 Bolivia tuvo un total de 1.448.300 personas ocupadas (el límite inferior de edad fue de 10 años), de las cuales 576.700 eran asalariados, 697.800 auto empleados y 173.800 familiares no remunerados. Esto no incluye a los desocupados.

---

[15] Idem. Pág. 699
[16] Idem. Págs. 700-70
[17] CEPAL. *Estudio económico de América Latina*. 1987. Editado por Naciones Unidas, Santiago de Chile, 1980, pág. 79.
[18] CEPAL *Anuario Estadístico...* ob. cit. págs 722-723.
[19] Idem. Pág. 109.
B.I.D. *Progreso Económico...* Ob. cit. pág. 126

En cuanto al desempleo se tienen cifras actuales. La CEPAL y el BID coinciden[20] en el porcentaje de 1984 (12.6 %) y 1985 (15.0 %). Para 1986 este porcentaje sube a 20 % y a 22 % en 1987 [21]. Aunque la Conferencia Episcopal sostiene que es un 25 % de la fuerza laboral boliviana la que se encuentra desempleada, como se puede constatar en la nota periodística adjunta (Panorama de fecha 04 de octubre de 1987. Maracaibo), lo que equivaldría a un aproximado de 510.000 bolivianos sin trabajo. Como si esto fuese poco, en el Presupuesto Nacional de 1987 se destina a las fuerzas represivas un 28.3 % (Ministerio del Interior 5.8 %; Ministerio de Defensa 15.2 % y Ministerio de Aeronáutica - manejado por la Fuerza Aérea- un 7.3 %), frente a un 15,3 % para educación y un 9.4 para salud W. De allí que en Bolivia exista una tasa alta de mortalidad infantil. Según la CEPAL, es la más alta de América Latina y el Caribe, con 124,4 por cada mil niños, seguido por Haití con 108.2 que si comparamos con Barbados (14.0), Costa Rica (20.2) o Cuba (20.4) es mucha la diferencia[22].

Otro dato importante que puede ampliar la visión de Bolivia, está muy vinculado con toda la información que se ha planteado. "En 1976, un 63.8 % de la población total del país se componía de monolingües nativos (22.8 %) y hablantes bilingües (lengua nativa, más castellano)-[23]). Este dato coincide (aproximadamente) con el que maneja Albo[24] quien estima que "... un 40 % sabe quechua, un 30 % sabe aymara y otro 2 % sabe alguna de las otras lenguas minoritarias..." Este mismo autor sostiene que en Bolivia existen 40 naciones: 39 oprimidas y una privilegiada.

Después de pasearnos por toda esta información podemos ratificar lo antes planteado: Bolivia tiene un proceso socioeconómico propio en su fluir histórico. Si le aplicamos el título de capitalista, estaremos equivocados - aún agregándole el de heterogéneo, desigual o combinado- y nos equivocaremos

---

20 Urioste, Miguel. *El pueblo al margen*, En: Revista 'Cuarto Intermedio" N° 6, febrero 1988. Edita Compañía de Jesús en Bolivia, Cochabamba 1988, pág. 95.
21 Idem. Pág. 99
22 CEPAL. *Anuario Estadístico...* Ob. cit. póg. 118
23 Cingolani, Pablo. *T.S. EJiot y la cultura boliviana*, en: Revista 'Perspectiva" año III, marzo-abril, La Paz, 1988 póg. 57
24 Albó, Xavier. *40 naciones en una*. En Revista 'Cuarto Intermedio" N⁹ 6 Ob. cit pág 28.

al plantear propuestas. Esencialmente está compuesto por naciones agrarias. Rechazamos, por supuesto la perspectiva que cataloga como "retrasado" a todo lo agrario. En lo central, Bolivia es agraria. Pero como no se puede tomar posiciones ni concepciones "puras", en ese fluir dialéctico se le agregan elementos diferentes, que no afectan la central. No se pueden concebir "purismos" si aceptamos la dialéctica como método de análisis, ya que el mismo nos señala la categoría de la interacción, y es en dicha Interacción en la que Bolivia incorpora -forzadamente unas veces- elementos diferentes. Lo contrario nos llevaría a concebir nuevas o similares formas de "murallas chinas" nitro poder cercar el país, pretensión ya intentada por el Dr. Francia en el Paraguay en el siglo pasado.

Por otro lado, este paseo estadístico nos plantea una reflexión, dirigida hacia un resultado de la implantación o consolidación del capitalismo o de la burguesía en el poder: ni Estado -su estructura jurídico-política-, ¿Es posible concebirlo después de manejar la información que se detalló anteriormente? Hay criminólogos que cuestionan la existencia del Estado-Nación (liberal-burgués), en cuanto a que existen obstáculos estructurales que han impedido la formación de un Estado-Nación..."[25] Creemos que es así, Más aún si desligamos la relación que podría existir entre o sus "islas" que hemos denominado con características capitalistas, y los síntomas de Estado-Nación Liberal que existen. Desligamos algo que en realidad está desligado. Este "Estado" -su estructura jurídico-política- no es producto de un desarrollo socioeconómico de las naciones que componen Bolivia, y como tal, su base se encuentra fuera del contexto geográfico boliviano[26] -o latinoamericano, si lo queremos ampliar a Latinoamérica-. De allí su permeabilidad a las políticas del capitalismo. Sólo así son comprensibles las decisiones de quienes encabezan las estructuras político-jurídicas (supra-estructuras) de Estados en donde se encuentra la verdadera 'base'. Decisiones que tienen que ver con nuestros 'Estados' (si así se les puede Humar).

---

25 Thamara Santos y Emilio García M. *Notas críticas...* Ob. cit. pág. 274.
26 En esta perspectiva lo plantea Samir Amín, quien es citado por:
Matóla Méndez. Emilio. *Autoritarismo y control social.* Editoria Hammurabi, S.R.L. Buenos Aires |IUW/, 2ª edición, págs. 29-30.

Nos hacemos la autocrítica de posiciones anteriores, en las que tomamos la perspectiva leninista del Estado[27] como instrumento de clase, que nace como producto de la lucha de (liases. Cuestionamos esta concepción, la cual es manejada por algunos criminólogos críticos: "...el Estado es **una** organización política real, creado por la fuerza y la coerción de un grupo social en el poder, que tiene como uno de sus fines principales proteger y resguardar su base material. En consecuencia, el Estado y su sistema legal reflejan y sirven las necesidades de la clase dominante, que al dominar las clases dirigidas, impiden que estas últimas dejen de ser tales". [28]

II.3. CLASES SOCIALES.

La perspectiva marxista posibilita concebir a la sociedad dividida en clases: una dominante (burguesía) y otra dominada (proletariado y sectores cercanos). Hace ver a esta clase dominante como un sector que maneja el Estado, sus leyes -y todos los controles sociales existentes- y su economía, en su beneficio. En esta visión, se concibe a la clase dominante como creadora del Estado, y por ende, su centro motriz: el Estado es su instrumento.

Decimos que es una concepción marxista, ya que es en esta línea de pensamiento en la cual se le atribuye un papel histórico importante, La afirmación de que "la burguesía ha desempeñado en la Historia un papel altamente revolucionario[29] nos señala dicho camino.

Como el objeto de estudio no lo exige, no analizaremos el concepto en sí. Sólo veremos quiénes lo utilizan, cómo lo utilizan y, por último, si se corresponde a nuestro medio.

II. 3.1. La utilización de los criminólogos.

El dotar a la "clase dominante" de unas actitudes y aptitudes, que le proporciona una imagen en la que se combinan genialidad y diabolismo, ha sido un obsequio al cual contribuyó la criminología crítica latinoamericana.

Dentro de esta corriente criminológica se maneja la

---

27 Colnnzi Zeballos, Alejandro. *Granja de espejos* ... Ob. cir. pág. 21
28   María Angélica Jiménez y Emperatriz Arreaza. *Las dos caras de la defensa social*. En: Revista 'Capitulo Criminológico' Nº 4 Ob. cit. pág. 93.
29   Carlos Marx y Federico Engels. *Manifiesto Comunista*. Ob. cit. pág 14.

concepción de una clase dominante (burguesía) que impone leyes como "... estrategia de mantenimiento del sistema...", lo que implica el Estado -su estructura jurídico-política- como instrumento de esta clase dominante. Estas leyes y todos los "controles sociales" -formales e informales- tienden a mantener un orden, en el cual este grupo tiene un gran interés: apropiarse de la "plusvalía", como forma de acumulación de capital. Este "orden" también protege la propiedad privada de los medios de producción, lo que hace posible la existencia de una relación que permite la apropiación del plus-valor[30].

Existe una redimensión de la concepción apuntada, la cual pretende "...superar el enfoque reduccionista y mecanicista de los movimientos radicales de Berkeley y de Inglaterra, y por la otra, privilegiar la dimensión cultural, y dentro de ésta, la instancia ideológica sin perder la perspectiva de que ésta existe en relación a un particular tipo de relaciones sociales y productivas"[31]. Creemos que es enriquecedora, pero que no logra superar la perspectiva instrumentalista, ya que todo se convierte en un instrumento para garantizar la mantención del orden establecido, que "beneficia a la clase dominante". El concepto que la Dra. Aniyar de Castro maneja sobre el Control Social, así lo demuestra. Veamos: "... entendemos el control social como el conjunto de sistemas normativos (religión, ética, costumbres, usos, terapéutica y Derecho -este último entendido en todas sus ramas, en la medida en que ejercen ese

---

30 Esta perspectiva la podemos notar en:
Aniyar de Castro. Lola. *El proceso de criminalizadón*. En: Revista "Capítulo Criminológico' N® 1. Organo del Centro de Investigaciones Criminológicas de la Universidad del Zulia Ediluz, Maracaibo 1973, pág. 73.
Arreaza Camero. Emperatriz. *Notas para un concepto de ideología...* Ob. cit. pág 75.
Emperatriz Arreaza y Thamara Santos. *Problemas metodológicos:* Ob. cit. pág. 94.
María Angélica Jiménez. Emperatriz Arreaza, *Las dos caras de la defensa social*. En: Revista 'Capítulo Criminológico' N® 4 Ob. Cit. pág. 93.
Thamara Santos y Emilio García. *Notas críticas...* Ob. cit. pág. 272.
Arreaza Camero Emperatriz. *El caso de la página roja*. Ob. cir.. pág. 25. Aquí se le da un nombre: 'Burguesía Criolla'
Riera Encinoza, Argenis. *Intentos para desarrollar una criminología radical en América Latina: criminalidad de la burguesía y criminalidad y constituyente*. En: 'Capítulo Criminológico' NO 6. Ob. cit. pág. 145 y 158.
Aniyar de Castro, Lola. *Notas sobre el poder y el abuso del poder, para el tópico: delitos y delincuentes fuera del alcance de la ley*. En: Revista 'Capítulo Criminológico' N® 7/8, año 1979- 1980, órgano del Instituto de Criminología de la Universidad del Zulia. Ediluz. Maracaibo 1984, pág. 10. Toma la Concepción de Poulanzas.
También encontramos en:
Aniyar de Castro, Lola. *Criminología de la reacción social*. Ob. cit. pág. 105 Aniyar de Castro, Lola. *La realidad contra los mitos*. Ediluz, Maracaibo 1982, pág. 60.
Córdova Monasterio, Tito. *Violencia colectiva de índole criminológica*. Ediluz, Maracaibo 1983, páf. 15.
31 Santos Alvis, Thamara. *Control y punición de la delincuencia. Estrategias sociológicas*. Ediluz, Maracaibo. 1987, pág. 94.

control reproductor, pero especialmente la penal; en sus contenidos tanto como en sus "no contenidos-) cuyos portadores a través de procesos selectivos (estereotipia y criminalización), y mediante estrategias de socialización (primaria y secundaria o sustitutiva), establecen una red de contenciones que garantizan la fidelidad (o, en su defecto, el sometimiento) de las masas a los valores del sistema de dominación; lo que por razones inherentes a los potenciales tipos de conducta discordante, se hace sobre destinatarios sociales diferencialmente controlados según su pertenencia de clase"[32].

El cuestionamiento al instrumentalismo ya se ha hecho presente en la criminología crítica latinoamericana[33]. Aunque consideramos que no se ha superado[34]

II.3.2. Reflexiones necesarias.

Ya planteamos el cuestionamiento a los grupos privilegiados de nuestras sociedades[35]. La Dra. Aniyar también se refiere al "... atraso político y económico de una burguesía torpe... "[36].

Consideramos necesario reflexionar sobre puntos importantes. Veamos.

A. Propiedad de los medios de producción y la Plusvalía.

La propiedad privada de los medios de producción es catalogada por la teoría materialista, como el problema central del capitalismo, ya que a partir de ella se produce la apropiación del plus-valor, que viene a ser la forma de acumulación del capital. La Dra. Aniyar al respecto afirma que "...hay alguien que trabaja para los demás y que esos demás se están enriqueciendo con el trabajo de esta persona a través de la plusvalía". [37]

Los países de Latinoamérica tienen su ingreso mayor por

---

32 Aniyar de Castro, Lola. *Conocimiento y orden social*...Ob. cit. págs. 27 y 28.
- Aniyar de Castro, Lola. *Criminología de la liberación*. Ob. cit. pág. 31. El subrayado es nuestro.
33 García Méndez, Emilio. *Política, Derecho y crítica específica*. Ob. cit. pág. 98.
(35[Nos hacemos la autocrítica, ya que utilizamos dicha concepción instrumentalista.
35 Colanzi Zebaltos, Alejandro. *Granja de espejos...* Op. cit. pág. 16.
36 Aniyar de Castro, Lola. *Criminología de la liberación*. Ob. cti. pág. 34.
37   Aniyar do Castro, Lola. *Criminología de la reacción social*. Ob. cit. pág. 105.

concepto de la extracción y exportación de recursos naturales renovables y no renovables. Quien maneja los fondos que producen estas exportaciones, es el Estado. Es el listado - quien hace posible lo que hemos llamado "islas con características", cuando invierte esos fondos en medios de producción, intentando la di versificación de la economía. La mayor parte de esos medios de producción queda en manos del mismo Estado (empresas estatales), otra parte de dichos fondos se ha utilizado para fortalecer el sector empresarial nacional.

La idea del fortalecimiento del sector empresarial nacional tiene sus orígenes en la década de los años 50, cuando se plantea en Latinoamérica el problema del mínimo "desarrollo" con que se cuenta. Se le combinan características nacionalistas (anti imperialistas) a estos enfoques. De allí sale el planteamiento sobre la necesidad de un "desarrollo nacional", en donde se hace necesaria la alianza de clases (trabajadores y empresarios nacionalistas), respaldada por el Estado. Es así que surgen propuestas nuevas en muchos países de nuestra área. En Perú esta propuesta es manejada por el líder Víctor Raúl Haya de la 'forre, quien encabeza el A.P.RA.; en Bolivia es el M.N.R. quien en 1952 da inicio a la materialización de dicha perspectiva; en Argentina lo maneja el Justicialismo encabezado por su líder Juan Domingo Perón; en Venezuela es Rómulo Betancourt, líder de Acción Democrática. En otros países surgieron los líderes con sus respectivas organizaciones políticas.

Los recursos que se destinan al sector privado han hecho posible que emerjan nuevos grupos empresariales o grupos privilegiados, lo cual es el objetivo que se persigue. Por ello, estamos ante una figura diferente, ya que es el Estado quien promueve a la sociedad civil, y no lo contrario, como se maneja en la concepción marxista, que es la clase dominante que crea y sostiene al Estado. Notas periodísticas nos dan una muestra de ello: 1) "BCV ha autorizado entrega de 4.772 millones de dólares" (de un total del orden de los 7.000 a los 8.000 millones de dólares para el sector privado, y, para el sector gubernamental "el presupuesto gira alrededor de los 6.500 a los 7.000 millones de dólares"); 2) "Dólares a 14,50 para las cartas de crédito antes del 1® de julio", que significa una subvención al sector privado.

Así podemos notar que la principal forma de acumulación de capital, en los grupos privilegiados, es a través del Estado Y, a partir de ello, podemos afirmar que estos grupos privilegiados carecen de capacidad empresarial, en cuanto no implementan un proyecto de industrialización sin recursos económicos del Estado. Adoptan una posición facilista en cuanto a manejo de los montos recibidos. Ello le proporciona "su regalo" en lugares más seguros: en el exterior, en los centros capitalistas. En Venezuela, según informe oficial, se encuentran "fugados al exterior 89 mil millones de dólares". Esa cantidad representa casi tres veces la deuda externa que tiene Venezuela. También, en ese sentido, tenemos que "El gobierno boliviano anunció que los bancos privados serán sancionados si las investigaciones a realizarse demuestran que éstas incurrieron en uso indebido de dinero destinado a la reactivación económica". Esto también permite visualizar los conflictos entre los privilegiados.

B. Cohesión de clase y control ideológico

Para poder reflexionar en base a concretos sociales trataremos de transmitir una experiencia que puede enriquecer las reflexiones.

i. Normandía. Antecedentes.

Finalizando el año 1985, un grupo de personas (militantes del naciente Partido Humanista, junto a católicos de base y otros provenientes de partidos de la Izquierda) nos reunimos con el objeto de establecer pautas de acción ante lo que se consideró en ese momento, reflujo y derrota política de las opciones liberadoras. Es así que, después de prolongadas reflexiones, se tomaron las siguientes decisiones sobre qué hacer:

a) Trabajo de base

b) En una comunidad rural pero no muy alejada de la ciudad.

c) Que sobresalga por alguna problemática especial.

d) Que esté condicionada urbanísticamente a una

fluida comunicación (o sea, no mucha separación entre las viviendas)

Es así que, por varias razones, se tomó la zona sur de la ciudad de Santa Cruz de la Sierra, y se recorrieron varias comunidades, en las cuales, -en cada una de ellas- se dialogaba con algunos de sus habitantes, para lo cual el grupo se distribuía con el objeto de captar y dialogar con un mayor número de personas. Recorrida esta etapa, se decidió sobre la comunidad que reunía las variables preestablecidas y ella fue la denominada NORMANDIA. Después de largas reflexiones se establecieron las pautas de acercamiento y contacto, además de las que servirían durante todo el tiempo que durase dicha acción. Estas directrices serían;

a) El contacto se tiene que dar con las bases y no con los dirigentes de la comunidad.

b) Para ello, el entablar relación amistosa con participación en sus quehaceres dominicales (fútbol, asistencia a la misa que se oficiaba, etc.) tenía que ser la forma de acercamiento.

c) En ningún momento nosotros plantearíamos los problemas de la comunidad, y sólo se los trataría cuando ellos los planteen.

d) El papel mesiánico y paternalista se tenía que olvidar, por lo que la comunidad tendría que tomar sus decisiones y acciones, tan sólo se tenía que participar con sugerencias y orientaciones sobre las formalidades en las acciones a seguir.

e) Evitar el "disfraz", muy común en el trabajo político, por el cual se pone a "tono" con quien o quienes se pretende "penetrar" (así vemos a los militantes partidistas que hacen trabajo de bases, ponerse su ropa más vieja o hablar con modismos populares los que en su vida diaria no están incorporados).

f) Descartar toda posibilidad de crear dependencias y de hacer caridad.

g) El hilo conductor o constante sería la idea de SOLIDARIDAD

ii. Un intento de radiografía.

Los detalles anteriores tuvieron y cumplieron su finalidad, porque a través de ellos se pudo captar una problemática aparente y aquella de fondo.

Esta comunidad (que cuenta con unas 30 familias aproximadamente) -impresiona. Impresiona porque tiene un cementerio en el cual resaltan las cruces blancas que indican el índice alto de mortalidad infantil. Y también impresiona el gran basurero que tiene y que sólo los separa el camino existente entre la comunidad y el basurero. Pero este basurero no es de la comunidad, es de la ciudad de Santa Cruz de la Sierra con sus 600.000 habitantes[38]; y fue convertido este lugar en basurero cuando ya existía la comunidad. Esto ocasiona la proliferación de moscas[39], rutas, etc., y con ellas muchas enfermedades que tienen como resultado el alto índice de mortalidad infantil, aunque no como factor exclusivo, ya que la desnutrición aporta y ayuda.

Este basurero y sus consecuencias, fue el tema principal que plantearon los habitantes de Normandía. Unos con mayor preocupación que otros, sin entender nosotros, en principio, la razón. Por ello, en conjunto, nos pusimos a planificar las acciones a seguir, quedando en materializar los siguientes pasos:

a) Recoger firmas de toda la comunidad para respaldar la carta que se haría llegar al Concejo y al Alcalde Municipal, planteándoles la pronta solución del problema.

b) Una copia sería entregada a la Universidad Autónoma Gabriel René Moreno, División de Extensión; [40] a la Cruz Roja Departamental; a Unidad Sanitaria del Ministerio de Salud; y, al Colegio de Médicos.

---

38   *Revista Santa Cruz*. Publicación de la Cámara de Industria y Comercio de Santa Cruz-Bolivia, 1987. pág. 18.
39   Como anécdota señalaremos lo siguiente: a) Durante las misas a las que asistimos, el sacerdote continuamente metía el dedo al cáliz para sacar las moscas que caían en el vino; b) a los niños no se les veían los ojos porque las moscas los cubrían; y. c) en un almuerzo al que fuimos Invitados, mientras sacábamos las moscas que ya venían en el plato, otras moscas querían
Compartir (y lo conseguían) ese lugar, sin nosotros poder rechazar o excusarnos de comer, ya que significaría rechazarles algo muy importante -en Bolivia, por su escasez- como lo es la comida, pero también significaría no poder contar con esa vivencia.
40   División en la que suscrito ocupaba la Dirección de Relaciones Internacionales, posibilitando de esta manera el respaldo a dicha acción, como veremos adelante.

c) Entregar copias a la prensa, para que a través de Ellas, se pueda concientizar a la población, ya que saldría, de esta manera, a la luz pública.

d) A partir de la división de Extensión Universitaria, conformaríamos un Comité de Apoyo Interinstitucional.

e) Conseguir el apoyo de otras comunidades cercanas a Normandía, las que también, en menor grado, estaban Hiendo afectadas por el basurero.

f) En caso de que esto no funcionara, y después de agotadas las instancias oficiales, pues se pasaría a otras nociones, como es el bloqueo del camino y el evitar el echado de basura en el lugar, etc.

La discusión que permitió ver una situación de fondo fue aquella en que se planteó el qué hacer frente al basurero. Los habitantes de Normandía comenzaron a dividirse y tomar posiciones. Unos querían el cierre del basurero (enterramiento total), y otros, que se mantuviera, pero debiendo cumplir con el tratamiento higiénico requerido y/o establecido. A los visitantes nos surgió una pregunta: ¿por qué? La respuesta la encontramos charlando con los mismos habitantes de Normandía.

Esta comunidad se constituyó a partir del proyecto de una unidad agraria, específicamente para el cultivo de la caña. Los propietarios de la tierra son los mismos que la trabajan. Con el pasar del tiempo, algunos pudieron comprarse camiones para transportar la caña al ingenio, monopolizando el rubro del transporte; este factor, y otros, posibilitó la adquisición de mayor cantidad de tierras para el cultivo de la caña, lo que no significó el monopolio total, ya que el resto seguía teniendo tierras, pero en menor cantidad. Cuando el basurero llegó a ser de la proporción actual, posibilitó dos actividades económicas: la primera fue el recojo de huesos para la industria de los alimentos balanceados[41] que permite a los que lo realizan un cobro semanal por su trabajo[42] a diferencia del

---

[41] Los huesos reunidos se queman, bajo un procedimiento especial; (que desprende un olor fuerte y desagradable), convirtiéndolos en harina. Esta harina es uno de los ingredientes para determinado alimento balanceado que se utiliza en la cría de animales.
[42] Este trabajo tiene otros atractivos, como el de poder encontrar objetos de valor/ Pero también le significa a quien lo realiza, el poder comer diariamente... ¡y gratis!, ya que siempre encuentra una

cobro por el trabajo en la caña, que es mensual; la segunda, fue la crianza de cerdos, que resultó ser muy barata ya que estos animales tenían su alimento diario en el basural, que posibilita el buen engorde, y por ello, la buena venta del animal o de su carne. El dinero continuo que produce el recojo de huesos hizo posible la apertura de 2 comercios de bebidas alcohólicas. Estos recogedores de huesos, en su mayoría se vincularon a esta actividad, como complemento a la zafra, ya que esta tiene su período, fuera del cual los zafreros[43] quedan desocupados, lo que significa no poder llevar el alimento requerido a sus hogares.

iii. El conflicto de intereses

El noble fin que se enarbola para movilizar a la comunidad queda cuestionado. Primero, porque no todos quieren participar en la acción para el cierre del basurero. Segundo, porque surge un contra-movimiento que se hace presente en la Alcaldía Municipal para pedir que el basurero continúe. ¿Por qué?

Es cierto que todos han sido afectados por el basurero. A unos se les han muerto algunos niños. A otros la pareja (el marido o la esposa). Otros están enfermos a raíz de las Infecciones que provoca el basurero: él o alguno de su familia. Estas razones no son las principales o centrales, ya que todos ellos saben que aunque no exista el basurero, la mortalidad infantil y las enfermedades, seguirán. Y seguirán porque los niveles de desnutrición, la falta de educación higiénica, y el no tener acceso a los servicios sociales (principalmente el médico y el escolar), se combinan para que así sea. Y esto no cambiará. Ellos lo saben, razón por la cual ya se resignaron, desplazando la idea de modificación de dicha situación, y defendiendo lo que es inmediato: su equilibrio actual, su hoy.

Veamos qué sectores hay:

a) El sector con mayor interés en que el basurero concluya, está compuesto por quienes monopolizan el

---

hamburguesa o un pollo a medio comer (los lujos que se permiten los citadinos), terminándolo de comer quien lo encuentra

[43] Por haber aumentado la cantidad de tierra cultivada, los propietarios se vieron en la necesidad de contratar a un personal adicional, tan sólo para la cosecha o zafra. Este personal, principalmente proviene de barrios marginales de la ciudad de Santa Cruz de la Sierra.

transporte y tienen cultivos de caña (principalmente aquellos con mayor cantidad de tierras cultivadas). Ellos quieren lograr ese cometido, ya que el basurero provoca un gran problema para la zafra. Los zafreros prefieren recoger huesos porque obtienen cada semana su dinero, además tiene la comida todos los días y con una mayor suerte, encontrarán algún objeto de valor que pueden cambiar o vender para divertirse ingiriendo bebidas alcohólicas, lo que hace de este trabajo muy atractivo, prefiriéndolo ante una zafra muy trabajosa y que les provoca problemas económicos.

b) El sector comerciante está compuesto por habitantes que tiene su sembradío de caña, pero que se han dedicado también a la cría de cerdos, por su fácil manejo. También la componen aquellos que abrieron los negocios de bebidas alcohólicas, como complemento al cultivo de caña. Este sector es muy indeciso en cuanto al problema.

c) Otro sector, minoritario como el anterior, está compuesto por los intermediarios que actúan entre los recogedores de huesos y las empresas de alimentos balanceados. Ellos queman los huesos, los empacan y los venden. Son los que pagan a los recogedores de huesos, permitiéndoles, en muchos casos, algunos adelantos pecuniarios, llegando a tener por ello, gran influencia entre los recolectores.

d) Y por último tenemos a los recolectores que viven de recoger del basurero, como ya se ha explicado.

El conflicto se polariza. En un lado están el sector a) y el sector b), aunque este último no apoya plenamente, como lo señalamos anteriormente, lo que permite, en algunas ocasiones, darle apoyo al otro sector ya que, si el basurero desaparece, se beneficiarán en cuanto a la caña, pero no así en cuanto a la venta de las bebidas y a la de los cerdos, rubros que desaparecerían junto al basurero. Por el otro lado se encuentran los sectores c) y d), que se verían directamente (ellos y sus familias) afectados si el basurero desaparece; de allí que se movilizan, contando con el apoyo de quienes manejan los camiones de las empresas fabricantes de alimentos balanceados. [44]

iv. Reflexiones necesarias.

Continuamente se maneja la categoría de "clase social", para identificar a un grupo con intereses comunes. Los intereses comunes parecen más claros cuando esta "clase" es la "dominante". A esto se le atribuye un objetivo compartido: dominar para explotar. Para ello, se fuerza continuamente el presunto carácter monolítico de dicha "clase", aunque se reconozcan sectores en pugna dentro de ella. Pero, otros sectores estarán sólo dentro de ella, ya que, hacia afuera, actuarían en bloque.

Contrariamente a esto, consideramos que los grupos (diferentes) actúan en base a intereses concretos. Intereses materiales concretos que les permiten una estabilidad, que cuando se ven afectados en esa estabilidad por las condiciones materiales, reaccionan. Reaccionan a partir de ese interés material, no por mera inspiración ideológica.

Cuando está conforme con las condiciones materiales que le rodean, el individuo justifica la situación, posibilitando la absorción de ideologías que reproduzcan el orden que le ha permitido disfrutar de esa estabilidad. Cuando, en cambio, esa estabilidad es afectada materialmente, se inicia el proceso de rechazo, posibilitando la absorción de ideologías de sustento a la posibilidad de lograr nuevamente el preciado equilibrio. Es así como surgen intereses de grupos, los que pueden entrar en colisión con quien atente contra ellos, aún cuando quien los pone en peligro es también un grupo privilegiado.

Separar y categorizar esquemáticamente, significa desconocer el método dialéctico. Además de mutilar la rica perspectiva que nos ofrece la interacción social.

El otorgarle cohesión de grupo o de clase a los sectores privilegiados, lleva a atribuirles proyectos políticos aceptados o dominantes. En otras palabras, aceptar la concepción de clase dominante, conlleva la aceptación de una ideología dominante, promovida y mantenida por dicha clase. Y, esto no

---

44　　Fue en estos camiones, en los que los sectores c) y d) se trasladaron hasta la ciudad, llegando a la Alcaldía a manifestar su problema

es aceptable. Es sobredimensionar a quienes en realidad carecen de la capacidad de constituirse en esa clase, que Marx, señala como altamente capaz (maquiavélica), en el *Manifiesto Comunista*. Esos grupos, en realidad, son incapaces en cuanto no enarbolan proyectos socioeconómicos en los que reproduzcan sus privilegios, como lo han hecho las burguesías donde el capitalismo se desarrolló. Y no es incapacidad porque sí. Es una incapacidad provocada por la imposición de "islas con características capitalistas", que impide el desarrollo propio que toda sociedad tiene, en donde quizás no sean incapaces... No fueron incapaces quienes se constituyeron en privilegiados durante el Imperio Incaico.

II.4. CONTROL SOCIAL Y DERECHO.

Reflexionaremos sobre el Control Social y el Derecho conjuntamente, porque éste último es considerado como uno de los medios con el cual se realiza aquél.

II. 4. 1. El uso en la criminología crítica.

Ha existido todo un proceso dentro de la criminología crítica latinoamericana, en el uso de estas categorías. Se comienza a manejar en una forma: "La dinámica de nuestro proceso histórico ha determinado una marcada desigualdad social manifiesta en la existencia de diversos grupos sociales, de los cuales es el minoritario quien por siglos ha detentado el poder hegemónico, ejercido el control de la producción e impuesto sus sistemas ideológicos, jurídico y cultural a los demás sectores sociales[45]. En esta utilización notamos nítidamente el carácter instrumentalista que se les atribuye a los "sistemas ideológicos, jurídicos y cultural", los que son utilizados por un sector minoritario para controlar al resto y mantener sus privilegios. "Uno de los resultados de esta visión simplista y esquemática, ha sido la de subsumir la crítica del Derecho en la crítica "revolucionaria" del Estado, del cual aquél es entonces un mero instrumento manipulado en forma

---

45   Aniyar de Castro, Lola y Thamara Santos A. *Prisión y clase social*. Ob. cit. pág. 8.
En esta perspectiva tenemos, entre otros a:
- Arreaza Camero. Emperatriz,, *Notas para un concepto de ideología...* Ob. cit. págs. 74, 75, 76, 77, y 78.
- Aniyar de Castro, Lola. *Los desviados como víctimas*. En: Revista 'Capítulo Criminológico' N® 2, órgano del Centro de Investigaciones Criminológicas de la Universidad del Zulia. Ediluz, Maracaibo 1974, pág. 96. Plantea el control total.
- Arreaza C. Emperatriz y Thamara Santos A, *Problemas metodológicos de la investigación criminológica*. Ob. cit. págs 94 - 95. Se adhieren al manejo que hace Quinney.
- María Angélica Jiménez y Emperatriz Arreaza. *Las dos caras de la defensa social*. Ob. cit. pág. 93.

unidimensional de acuerdo a los intereses y necesidades de los sectores dominantes"[46]

El superar esas observaciones es el objetivo que se plantean en una etapa de crítica y autocrítica. "El problema del método en el ámbito de la criminología latinoamericana ha sido ampliamente tratado por Lolita Aniyar de Castro quien identificada con la interpretación de los filósofos de Krankfurt sobre la dialéctica histórica de Marx, intenta conocer, explicar y diferenciar las especificidades de las realidades locales latinoamericanas y sustraerlas de las explicaciones que hasta ahora han consistido sólo en tomar y aplicar las mismas categorías, conceptos y lógica de aquellas realidades cuya historia es la que valida, y exclusivamente genera, esa categoría que Marx identificó y precisó como su objeto de estudio: la sociedad moderna.

"En este sentido el programa científico propuesto por Lolita Aniyar busca, por una parte, superar el enfoque reduccionista y mecanicista de los movimientos radicales de Berkeley y de Inglaterra, y por otra, privilegiar la dimensión cultural y, dentro de ésta, la instancia ideológica sin perder la perspectiva de que ésta existe en relación a un particular tipo de relaciones sociales y productivas" [47].

Esta redimensión se encuentra plasmada en su concepto de control social, que ya antes se ha señalado, pero que por la importancia que reviste, lo volvemos a transcribir: "El conjunto de sistemas normativos (religión, ética, costumbres, usos, terapéutica y Derecho - este último entendido en todas sus ramas, en la medida en que ejercen ese control

---

[46] thamara Santos A. y Emilio García M. *Notas críticas...* Ob. cit. pág. 272. Anque estos t.ílrninólogos, en el mismo artículo, plantean un cuestionamiento, como lo veremos adelante.
Arreaza Camero, Emperatriz. *El caso de la página roja*. Ob. cit. págs 25 - 26.
Miera Encinosa, Argenis. *Intentos para desarrollar...* Ob. cit.. pág. 145 - 146.
Santos Alvis, Thamara. *La reacción social ante la criminalidad de cuello blanco*. En: Revista "Capítulo Criminológico' N° 7/8. años 1979-1980, Organo de Instituto de Criminología de la Universidad del Zulia, Ediluz, Maracaibo 1984, páf. 19.
Aniyar de Castro. *La realidad contra los mitos*. Ob. cit. pág. 60. *Si está referida a un Código Penal, para quienes no creemos que éste sea el reflejo de una moralidad media sino un instrumento de garantía del sistema, en realidad su "brazo armado" (El subrayado es nuestro).- Córdova Monasterio, Tito. *Violencia colectiva...* Ob. cit. pág. 15 - 16. Se adhiere a la concepción qramsciana.
Arreaza Camero, Emperatriz. *Algunas aproximaciones al estudio de la religión como control uncial*. En: Revista 'Capítulo Criminológico' N° 11/12. año 1983 - 1984. Organo del Instituto de Criminología de la Universidad del Zulia. Ediluz, Maracaibo 1985, págs. 9-10 (4 /) Steyanovich. Cit. por: García Méndez, Emilio, Política, *Derecho y Crítica específica*. Ob. cit. pág. 98.

[47] Santos Alvis, Thamara. *Control y punición de la delincuencia*. Ob. cit. pág. 94.

reproductor, pero especialmente la penal; en sus contenidos tanto como en sus "no contenidos"-) cuyos portadores a través de procesos selectivos (estereotipia y criminalización), y mediante estrategias de socialización (primarias y secundarias o sustitutiva), establecen una red de contenciones que garantizan la fidelidad (o, en su defecto, el sometimiento) de las masas o los valores del sistema de dominación; lo que por razones inherentes a los potenciales tipos de conducta discordante, se hace sobre destinatarios sociales diferencialmente controlados según su pertenencia de clase". Esta concepción o perspectiva ideologicista es manejada por otros criminólogos[48].

Existen también variantes, en cuanto a que se toma tan sólo el Derecho como instrumento de control social, debido a concretos históricos específicos; veamos: "Pero superada la religión y fracasada la economía (ensayos desarrollistas y populistas de distribución de los años 50 y 60), surge un elemento que necesariamente deberá ser extraeconómico para intentar cumplir la función integradora: la Norma Jurídica.

Esta tendencia se expresa en una creciente juridificación de las relaciones sociales con la consiguiente inflación legislativa (obviamente no restringida en forma exclusiva a la esfera del Derecho Penal), que, inversamente a las tendencias descriminalizadoras de los países centrales, conlleva la intención de cubrir el espectro más amplio posible de las conductas individuales (y por ende sociales), como modo de suplir la fragilidad de un tejido social débil o adverso a los pequeños grupos identificados, de una u otra forma, con el aparato estatal.

El Derecho así concebido se desarrolla hoy para los grupos dominantes en América Latina como herramienta técnica de control social más capaz de tornar (aunque en coyunturas cada vez más estrechas) los comportamientos individuales y colectivos de amplias capas de la población, que en forma activa o pasiva, resisten la instalación de modelos autoritarios

---

48   - Sandoval Huertas, Emiro. *Sistema Penal y Criminología crítica*. Ob. cit. pág 3. Cita a Lola Aniyar de Castro.
- Delgado Rosales. Francisco Javier. *Inseguridad ciudadana en Venezuela*. Ob. cit. pág. 25 y 28.

de dominación"[49]

II. 4. 2. El carácter instrumentalista.

Se han señalado tres variantes en cuanto a la percepción del Control Social y del Derecho. Parecería que las dos últimas se distinguen de la primera. Y es así. En la primera vemos una visión "simplista", en la que todo se reduce a una imposición de sistemas "ideológicos, jurídicos y cultural", por parte de quienes ejercen el control de la producción, hacia el resto de la sociedad.

En la segunda se nota una visión ideologista del problema, en la cual se detallan los mecanismos que hacen posible un control social que asegura la "fidelidad de las masas a los valores del sistema de dominación". El carácter voluntarista lo notamos cuando se sostiene que mediante "estrategias" se "establece" una red de contención. Estas estrategias persiguen mantener el "sistema de dominación", y por supuesto, quienes quieren mantenerlo son aquellos que dominan y para seguir dominando se necesita la voluntad de hacerlo. Establecer "estrategias" implica tener clara la visión, a partir de la cual surge la voluntad de mantener y reproducir dicha situación. Y cuando este grupo privilegiado -minoritario- se decide a hacerlo, utiliza para ello todas las herramientas -instrumentos- eficaces, que comenzarían a funcionar en el individuo, desde su nacimiento (o quizás antes), llevándolo hacia una paulatina y segura alienación total. Como la visión que se percibe en la película "Brasil". Implicaría la visión de una sociedad controlada totalmente. Si dejamos suelta la imaginación, podríamos concebir una sociedad de autómatas o robots, que actuarían gracias a la manipulación (voluntad) que un grupo minoritario y privilegiado efectúa mediante herramientas (instrumentos) eficaces.

La tercera variante es menos ideologista, aunque sigue percibiendo al Derecho como instrumento de dominación. Lo que implica concebir al Estado -estructura político-jurídica- como un medio que sirve a los intereses de los grupos

---

[49] Thamara Santos y Emilio García Méndez. *Notas críticas...* Ob. cit. pág 270. El subrayado es nuestro. Y este enfoque se encuentra en:
- García Móncez, Emilio. *Autoritarismo y Control Social.* Argentina, Uruguay - Chile. Editorial Hammurabi, S.R.L. Buenos Aires 1987, 2? edición.

privilegiados; ya que es el Estado quien aplica las leyes que posibilitan la dominación. Y esta visión menos ideológista es justificada, de la manera siguiente: "A partir de los años 80, aunque por motivos diversos, se asiste a una recuperación del proceso democrático que se traduce en una revalorización de la cultura garantista por parte del pensamiento crítico.

Sin olvidar la diferencia de matices que encierra la cultura garantista y mucho menos los riesgos del vaciamiento de contenidos y el reduccionismo a que conduce "la legitimación a través del (mero) procedimiento". Y, "La revalorización de las garantías jurídicas... ha conducido a una visión menos ideológica de los mecanismos formales de control social"[50].

II. 4.3 Las propuestas de lo "alternativo".

En el planteamiento que surge como respuesta al inevitable ¿qué hacer?, hay uno que está tomando importancia, pues está viabilizando el acercamiento hacia el Derecho Penal. Y está referido a él. Se trata de su reforma. De la "alternativa" ante lo que se tiene y que, de alguna manera, se ha analizado.

A. Qué se propone

Esta tendencia propone "La reforma del Derecho"[51] ya que "La constatación de que el Derecho es, básicamente, una manera de garantizar intereses de las clases hegemónicas, no debe obscurecer el hecho de que hay intereses que son comunes para éstas y las subalternas.

La crítica radical al Derecho ha asumido matices que son aún más relevantes en la coyuntura del proceso de construcción de un socialismo democrático. Como líneas básicas de acción en este terreno, insistiremos en que el socialismo debe rescatar el Derecho para los fines últimos de la protección de los llamados intereses difusos (libertad, trabajo, vida, salud, alimentación, educación, cultura, esparcimiento, ambiente natural, etc.). Y en que debe utilizarlo para preservar los derechos individuales,

---

[50] García Méndez. Emilio. *Para una historia del Control Penal; de la infancia: la informalidad de los mecanismos formales de control social.* Ponencia presentada al XII Encuentro Latinoamericano de Criminología Comparada. Mecanografiado. Maracaibo 1987, pág. 6.

51 Aniyar de Castro, Lola. *Criminología de la Liberación.* Ob. cit. pág 251.

teóricamente asegurados por la normativa legal y particularmente por las garantías procesales".[52]

Por ello, "lo que la nueva criminología puede ofrecer... es una política criminal alternativa... y una política criminal alternativa puede solamente intentar apropiarse de espacios posibles para las clases subalternas... Personalmente creo que no debemos inmovilizarnos, y que la historia ha demostrado que... esas clases subalternas han ganado muchos espacios, en y por la misma dialéctica contradictoria del sistema"[53]. "Por eso, la nueva criminología puede ofrecer reformas progresivas. Reformas que tiendan a la negación del sistema de clases:"[54].

B. El carácter contradictorio.

Se ha venido resaltando la visión instrumentalista en el manejo de categorías que se viene efectuando entre los criminólogos latinoamericanos, en cambio las propuestas surgen como alternativa a lo establecido, nos motiva a reflexiones sobre ellas.

Se había detectado el carácter voluntarista e instrumentalista. Señalamos que la visión ideologista no había superado dicho carácter, y que, por el contrario, nos conducía a una concepción de la sociedad, en la cual todo se encontraba fríamente calculado, y todo el actuar de los integrantes de la sociedad era nada menos, la acción de autómatas con esquemas de acción dirigidos a reproducir el orden imperante e injusto. En dicha visión se establecía que el Derecho era un instrumento de dominación al servicio del grupo minoritario y privilegiado. Ahora bien, creemos que cuando se sostiene la posibilidad de reformar el Derecho, de "apropiarse de espacios posibles", y de que las "clases subalternas han ganado espacios", todo esto, entra en contradicción con lo anterior. Se plantea una incoherencia. Cuando se cuestiona la realidad se visualiza un control total; y, en cambio cuando se plantean propuestas, se olvida el control total y se admite la posibilidad de utilizar espacios. Lo que significa que sí hay espacios.

---

[52]   Idem. pág. 249. El subrayado es nuestro.
[54)   ANIyar de Castro, Lola. *Un debate sin punto final*. Ob. cit. págs 14-15.
[54]   Idem. pág. 15.

Por otro lado, al plantear la posibilidad de reformas progresivas y apropiarse de espacios para las clases subalternas, nos lleva hacia dos reflexiones. La primera nos conduce a admitir que el Estado -su estructura jurídico-política- no es totalmente manejado por y para los intereses de los grupos minoritarios, ya que las reformas se hacen desde la misma estructura del Estado. La segunda reflexión nos conduce a admitir que es sólo a través de dicha reforma -producida a partir del Estado- como es posible apropiarse de espacios para las clases subalternas, lo que implicaría una acción de arriba hacia abajo, reforzando la democracia representativa. Con esta segunda reflexión no estamos de acuerdo, y de allí el planteamiento que surgirá en el capítulo final.

Creemos que estas propuestas alternativas, además de la contradicción que conllevan, no se diferencian del planteamiento que surge en Italia y España, denominado "uso alternativo del Derecho". Fuera de la limitación que significa el ámbito judicial, el planteamiento teórico es coincidente. A manera de información, veremos la concepción que tiene uno de sus sobresalientes teóricos: "... se entiende por uso alternativo del derecho la propuesta, tanto de carácter práctico como teórico, de utilizar y consolidar el derecho y los instrumentos jurídicos en una dirección emancipadora; o, lo que es lo mismo, de ampliar los espacios democráticos en el nivel jurídico de una sociedad determinada", y se agrega: "Para ello se trataría de proyectar y realizar una cultura y una práctica jurídica alternativa a la cultura y a la práctica dominante a fin de, sin romper la legalidad establecida, privilegiar en el plano jurídico... unos determinados intereses o una determinada práctica social..." [55]. En otro lugar este mismo autor sostiene: "En definitiva, el uso del derecho cuestiona los modelos de ciencia jurídica y de derecho, definidos por la burguesía en el ámbito de la cultura jurídica europea occidental..." [56]

Al respecto, no se niega la posibilidad de incorporar

---

[55] López Catera. Nicolás María. *Sobre el alcance teórico del uso alternativo del Derecho*. En: ^Sobre el uso alternativo del Derecho'. Femando Tórrez Editor, Valencia-España 1978, pág. 40. El subrayado es nuestro.
[56] Idem. pág. 18. El subrayado es nuestro.

planteamientos teóricos productos de un desarrollo socio-político-económico. Sólo que dicho planteamiento es resultado de un concreto socio-histórico -Europa Occidental- no precisamente latinoamericano.

II.4.4. Otras Observaciones.
A. Sobre la concepción ideologista.

" Si bien la teoría de las ideologías tiene una tradición en el pensamiento europeo del siglo XIX, sólo a partir de Karl Mannheim se puede afirmar que la misma ocupa un estatus significativo en la teoría sociológica. Y a partir de él, ha de ser uno de los temas que más va a apasionar a los sociólogos europeos, y especialmente a aquellos que van a defender las teorías críticas. Este tema, por otra parte, no respondía a una determinada situación histórico-social de Alemania durante la vigencia de la República de Weimar"[57]. Horkheimer percibe que, dados los antagonismos de clase de la SOCIEDAD CAPITALISTA. "... el poder se ve obligado a recurrir cada vez más al aparato de dominación... y entre ellos, a la ideología, porque... la ideología constituye un factor aglutinante no despreciable para un edificio social que ha empezado a agrietarse"[58].

Lo anterior está muy claro. Y admitir como una abstracción del concreto latinoamericano a la concepción ideologista, sería negar lo siguiente:

1)   Si la educación cumple una función socializadora que reproducirá el orden injusto establecido, ¿por qué entonces es un sector tan desprotegido? Un ejemplo es la nota periodística siguiente: "Por falta de desembolso del Gobierno, UA.G.R.M. podría cerrar sus puertas".

En Venezuela ante un conflicto universitario, que fuera calificado como "el más grave problema que confronta actualmente el país", las autoridades gubernamentales se expresaron al respecto. "Es legal la petición de los profesores, pero no es posible su cumplimiento". "Es legal, pero nosotros establecemos que actualmente no es posible ceñirnos a la

---

[57] Aguila, Juan Carlos. *De la sociología del conocimiento a la teoría crítica*. Editorial Torcuata Di Telia, Buenos Aires 1978, pág. 20. El subrayado es nuestro.
[58] Max Horkheimer. Cit, por: Aguila, Juan Carlos. Ob. cit. pág 53.

legalidad; sería una traducción de las expresiones gubernamentales. Fue la otrora Pontificia Universidad de Charcas (Sucre-Bolivia) en donde se dio el "primer grito libertario" en el siglo pasado.

Fue de las universidades bolivianas de donde se nutrió, el Ejército de Liberación Nacional, que fuera derrotado militarmente en Teoponte.

En Latinoamérica, es desde recintos estudiantiles de donde emergen protestas contra el orden establecido.

2)   Si la religión cumple funciones en el mantenimiento del orden establecido, ¿cómo se explica una Teología de la Liberación? Negaríamos lo que nos muestra la siguiente periodística: "Iglesia Católica no apoya oposición panameña"; y apoyar a la oposición, en Panamá, es apoyar al grupo más privilegiado y antinacional (la dirigencia). ¿Quizás, sentimiento de culpa, como lo plantea la película Misión, relacionada con los jesuítas?. De cualquier forma no olvidemos que la presencia religiosa también ha estado y está en la lucha de los pobres. En Bolivia sobresalieron muchos; en el siglo pasado el cura Muñecas, entre otros; Luis Espinal aún está presente en la memoria y, actualmente son muchos los religiosos que están con los pobres. En Latinoamérica son muchísimos: La Iglesia en el Exilio Salvadoreña y la Guatemalteca, han sobresalido; los movimientos religiosos que fueron importantes en la revolución todavía se construye en Nicaragua, las Comunidades Eclesiales de Base del Brasil (y jerarcas como Helder Cámara, Pedro Casaldáliga, entre otros); teólogos que han sobresalido como hermanos Boff, Fray Beto, y tantos otros; en Perú, el teólogo Gutiérrez y muchos más. Sería interminable la lista.

3)   Por otro lado, se negaría la eclosión social constante que se vive en casi toda Latino América, que para muestra, veamos la nota periodística sobre la situación boliviana ("Gobierno boliviano revisa situación económica y social").

Actualmente, se viven situaciones de guerra Civil en Perú, Colombia, El Salvador y Guatemala. No menos intensas, aunque con matices diferentes, son críticas las situaciones de Chile, Paraguay, Argentina, Bolivia, Panamá, Haití,

República Dominicana. En todas ellas hay conflictos que representan protestas, asesinatos, en otras palabras, convulsión social.

B. Sobre el planteamiento "alternativo".

El planteamiento de lo "alternativo" implica creer en el Derecho, porque es Derecho al fin de cuentas. Fuera de la discusión de que si el Derecho es instrumento de dominación, o, a través de él se puedan abrir espacios reales de democracia, ambos nos permiten reflexionar sobre la utilidad que tiene el Derecho en sociedades como las nuestras.

Creemos que existe una magnificación del Derecho como instrumento de dominación, de control y de sometimiento; de ser, en sentido figurado, como los hilos controladores (el Derecho) de las marionetas ("las masas"). Esta visión también se encuentra presente en quienes creen en lo "alternativo" sin el cambio de fondo), ya que se cree en el Derecho. Pero... ¿podemos creer que el Derecho juega un papel –tan- importante?. ¿Acaso no es cierto que existe un dicho popular que reza: Hecha la ley... ¿hecha la trampa? Además, ¿cómo puede ser el Derecho un instrumento de dominación si ni siquiera existe la capacidad para generalizar su aplicación? ¿Por qué? Porque "...como mediador de relaciones sociales, un derecho "común" sólo puede surtir efectos en cuanto estas relaciones se desarrollan entre propietarios de mercancías abstractamente libres e iguales"[59]. Y, nuestras sociedades no están compuestas por personas "libres e iguales", sino, de una desigualdad extremada. Reflexionaríamos como lo hizo, en un editorial, un mártir del movimiento popular boliviano, el sacerdote Luis Espinal, quien, en esa ocasión se preguntó: "¿Cómo podemos ser iguales ante la ley y ante los más simples derechos humanos, civiles y políticos, si ya no somos iguales ante la vida y la muerte, ante la alimentación, ante la educación, ante el trabajo...?[60]. Esta situación la amplía Lechner cuando afirma que "... si la heterogeneidad estructural de las sociedades latinoamericanas impide el desarrollo de un Estado nacional y, por ende, de un Derecho

---

59   Evers. Tilman. *El Estado en la periferia capitalista*. Ob. cit. pág 150.
60   Espinal Capm, Luis. *La democracia no lo resuelve todo*. En: "Aquí" Semanario del Pueblo. N° 325. La Paz - Bol ¡via,1980. Es una reedición de un editorial, escrito poco antes de su asesinato en manos de militares que más tarde asaltaron e instauraron un narco-delicuencial gobierno en 1980.

nacional, la ley representa una comunicación social relativamente ficticia y la gran producción legislativa no puede reemplazar la ausencia de un proyecto hegemónico a nivel de la Sociedad Civil"[61]. Aunque hay quienes -con los que no estamos de acuerdo- sostienen que "El Derecho en América Latina intenta cumplir la función ideológica de "homogeneizar" idealmente la heterogeneidad social real de base estructural"[62].

Zaffaroni, comentando una idea emitida por José María Rico, en relación a que los códigos latinoamericanos son confeccionados por carta, agregó que muchas de esas cartas se extraviaron; agregamos, para completar la idea, las que llegan a su destino, son cartas "mal traducidas". Esto nos ratifica el poco interés en la juridificación como instrumento real y efectivo.

Para dar un ejemplo, recurriremos a ciertos acontecimientos bolivianos. En 1971 llega al gobierno el Coronel Banzer, quien en agosto de 1973 pone en vigencia el Código Penal en el que se contempla la Pena de Muerte. Entre el asalto al gobierno (agosto 22 de 1971) y la vigencia del Código (agosto 6 de 1973), prácticamente se aniquiló a quién se consideró militante del E.L.N. y de otros sectores llamados subversivos. Posterior a la puesta en vigencia del citado Código, sólo fue ejecutado "legalmente" un hombre, fue el conocido caso "Suxo", un indígena que, violó y mató a una niña; caso del que, hasta ahora no se ha hecho un profundo análisis socio-cultural.

Creemos que el recurso que continuamente está presente es la fuerza, que, como tal, es violenta. La violencia es un continuo en las relaciones de las islas con características capitalistas, y, afecta al resto, en cuanto entran en conflicto. Llámese Derecho Penal Subterráneo, o lo que se quiera: es violencia no enmarcada en preceptos legales ni a través de estructuras jurídicas. Es violencia pura, llana y secamente. Es el instrumento eficaz, como lo hemos venido señalando[63]. Y

---

[61] *Lechner, Norbert*. La crisis del Estado en América Latina. *Ob. cit. pág* 144.
[62] Thamara Santos y Emilio García. *Notas críticas...* Ob. cit. pág 274.
63 -Colanzi Zeballos, Alejandro. *Granja de Espejos...* Ob. cít. pág. 42.
- Colanzi Zeballos, Alejandro, *El Delito Imposible y la Doctrina de la Seguridad Nacional. La combinación perfecta*. Maracaibo, Inédito. Mecanografiado, 1988. pág. 20.

como instrumento, hasta los gobiernos "democráticos" lo utilizan:

- "Gobierno boliviano amenaza con despedir a los trabajadores petroleros en huelga indefinida".

- "El gobierno de Bolivia gana batalla a los obreros petroleros".

- "Gobierno dispuesto a quebrar la huelga de los petroleros"

- "Gobierno declaró zona militar a instalaciones de Y.P.F.B."

- "Muerte de estudiantes agudiza la tensión social en Bolivia".

- "Amenaza extenderse huelga de hambre de ancianos ex-combatientes en Bolivia".

Creemos que es violencia el negar la alimentación, y como consecuencia la vida, a los ancianos.

II.5. LA CONTRADICCION PRINCIPAL.

En el punto 2, se planteó la situación de "interdependencia desventajosa y forzada". Esta interdependencia desventajosa y forzada motiva la principal contradicción en nuestra Patria: Imperialismos versus Nacionalidades. Contradicción que se reconoce como prioritaria[64], permitirá encauzar las propuestas que permitan un mejor desarrollo a los movimientos populares que buscan sobrevivir como tales. Con ello, las categorías hasta ahora utilizadas tienen que ser revisadas, ya que constituyen desorientación para los movimientos populares. Y, la criminología crítica latinoamericana y gran parte de la izquierda, llegan a plantear propuestas liberales y no liberadoras, confundiendo aún más a los movimientos populares, porque dichas propuestas conducirían a la consolidación del mercado mundial a través de una estructura democrático burguesa.

Si se establece que la contradicción principal latinoamericana es entre Imperialismo y las Nacionalidades (o

---

64　*Manifiesto criminológico latinoamericano.* México 1981. Publicado por: Capitulo Criminológico N° 9/10. Ob. cit.pág 136.

Norte y Sur), descartamos de esta manera, la tan Hostenida controversia Este - Oeste. Falsa controversia entre el capitalismo y el socialismo, como lo plantea Petkoff[65] Falsa controversia que permite "la internacionalización de la vida económica de la sociedad contemporánea...", ya que ésta "... es una ley del desarrollo que influye enormemente en la ampliación de la cooperación internacional en distintos campos y constituye el fundamento económico de la coexistencia pacífica"[66].

La presencia e influencia imperialista es tan real, que no puede escuchar a campesinos bolivianos decir: "Dios es Dios... pero el gringo es el que PUEDE". U otra, más conocida es la que afirma que "Nuestra desgracia es estar tan lejos de Dios y tan cerca de los Yanquis".

Este tema ha sido tan tratado, que no hace falta seguir en él. Por ello concluiremos con una nota periodística muy Hignificativa: "Estados Unidos protesta ante Suecia por injerencia en sus asuntos". "El embajador estadounidense en Kstocolmo acusó hoy al primer ministro sueco Igvar Carlsson de entrometerse en los asuntos internos de su país n 1 exhortar al Congreso que votara en contra de la ayuda para los rebeldes nicaragüenses". Y es que es así: A América Latina se la considera un "problema interno". Claro, para algunas cosas y no para otras.

---

[65] Petkoff. Teodoro. *Del optimismo de la voluntad.* Ediciones Centauro. Venezuela 1987, pág. tai
[66] Forfori Scano, María Josefina. *El Veto en NN. UU. : ¿Instmmento hegemónico?* Inédito. Proyecto de Tesis de Maestría en Ciencias Políticas. Mecanografiado. Maracaibo 1988, págs. 37 y :ut

CAPITULO III

III.- PROPUESTAS
III.1. PARA UN ESTUDIO CRIMINOLOGICO LATINOAMERICANO.
III.1.1. Criminología latinoamericana.

Se ha planteado que en Latino América no hay una criminología propia[1]. Creemos que se está en un período de transición hacia una propia criminología. Lo que se ha venido haciendo es abrir un espacio de discusión para posibilitar el surgimiento de una criminología contestataria al contexto socioeconómico y político de las particularidades latinoamericanas. Es bueno señalar que esa etapa de abrir espacios no es negativa, más bien es necesaria, aunque ésto no significa que se tenga que mantener dicha etapa imposibilitando su fluir, su análisis de lo concreto, su proceso dialéctico. En esta primera etapa ha primado la traspolación de una discusión generada a partir de una realidad concreta: el mundo industrializado capitalista; y esto significa que el hacer, pues criminología, ciegamente, repitiendo los ritos de otras épocas, y como se hace corrientemente, reconstruyendo modelos con retazos de momentos históricos pasados o de realidades ajenas, es una actividad carente de sentido para la ciencia, no obstante, su utilidad inmediata de soporte y ornamentación de status político y científico concomitante"[2]. Sí, carece de sentido en cuanto se mantenga esta situación. Ahora bien, esa traspolación ha implicado también trasladar

---
[1] Sandoval Huerta, Emiro. Op. cit. p. 6 - 7
[2] Aniyar de Castro. Lola. *Criminología de la Reacción Socid.* Op. cit. p 156

los títulos que se viene utilizando al denominar a la criminología como crítica, nueva y/o radical, ya que dichas corrientes son la antítesis o contestaciones de concretos científicos históricamente delimitados; por ello, no tendría que denominarse crítica, nueva y/o radical a lo surgido en nuestro contexto. Por otro lado, la denominación de Criminología de la Liberación que es propuesta como contestación o antítesis a la denominada "criminología de la represión"[3], sigue siendo una respuesta a una criminología europea,, como lo es la Criminología Clínica, la Sociología Criminal y la Criminología Organizacional, (agrupadas por la autora citada, en la denominación de Criminología de la Represión). Por ello, aquello que está emergiendo y que tomará forma al reconstruirse lo criminalizable en contextos históricos concretos, y que fortalecerán lo "latinoamericano" por su contribución a ese todo, o proyecto político, la denominaremos CRIMINOLOGIA LATINOAMERICANA, porque será contestataria (antítesis) a concretos socioeconómicos y políticos; y, como tal, contribuirá a un proyecto de liberación o emancipación.

Un famoso pintor venezolano comentó en una entrevista de televisión, que había quedado muy impresionado en una ocasión en que se bañaba (en una de las tantas playas tropicales con las que Venezuela cuenta) y que por diversas razones se estaba ahogando, pues cerca de allí, un intelectual que se dio cuenta, se puso a sacar fotos de la tragedia que se desarrollaba, sin alterarse por lo que ocurría ante sus ojos, aunque con "gran seriedad observó y fotografió aquel "fenómeno" que se le presentaba y que no puedo renunciar a que pase sin un buen análisis de lo que ocurría"; otro personaje no necesariamente intelectual, al darse cuenta de lo que ocurría se lanza al agua y logra ayudarlo y evitar el ahogamiento. No es posible concebir un criminólogo latinoamericano que no sea solidario en la acción y que sólo se limite a observar sin compromiso real, al mejor estilo positivista -tomando muy en cuenta la distancia que hace posible la "objetividad"-. Tampoco se podría admitir el ataque, frecuente cuando se llega a este tema, respecto a tener

---

[3] Aniyar de Castro. Lola. *Criminología de la Liberación.* Op. cit. p. 42

demasiados elementos subjetivistas y emocionales; y no aceptable, ya que no es concebible al "frío investigador" que no se indentifica y participa de lo acontecido y analizado, que no reacciona emotivamente[4]. Es bueno recordar lo sostenido por la criminóloga Aniyar de Castro[5] quien afirma que "...podemos aceptar las tres características básicas del conocimiento: 1) éste es práctico (pues tiene sus inicios en el nivel de la experiencia, antes de asumir el nivel teórico); 2) es social (no producto de una individualidad genial, sino resultado de la interacción entre los seres); 3) es histórico (una etapa solamente en el desarrollo del pensamiento y de la ciencia, los cuales debemos considerar en permanente ascenso)"[6]. Y es en ese nivel práctico y el social en el que surge esa interacción, de la cual el científico absorbe la vivencia, en la cual se encontrarán gritos de rebeldía y de indignación, pero también voluntad y racionalidad para el cambio libertario y de emancipación. Con esos ingredientes contará lo que se denominará CRIMINOLOGIA LATINOAMERICANA, ya que será una criminología rebelde, una criminología que contenta la indignación que motiva nuestra realidad, pero también, esa criminología tiene que recoger las aspiraciones de cambio, las que, ordenadas, podrán contribuir al proyecto de liberación. Por todo ello, el criminólogo latinoamericano es un militante activo de dicho proyecto emancipatorio o de liberación.

Parafraseando a Novoa, diremos que "lo que hay al lado no es un jardín[7] porque esto significaría seguir con las delimitaciones parcelarias que impuso el positivismo; lo que se está construyendo es el puente que unirá aquella pequeña isla

---

4 A Marx no se le conoce como emotivo, sin embargo podemos captar mucha emotividad en él; leer:
- Carlos Marx y Federico Engels. *Manifiesto Comunista* Op. cit.
• Marx, Carlos. *B dieciocho brumario de Luis Bonaparte*. Editorial Grijalbo. S A México. 1974- Marx, Carlos. *La guerra civil en Francia*. Editorial Ricardo Aguilera, Madrid. 1976. 4* edición.
5 Aniyar de Castro, Lola, *Criminología de la Reacción Social*. Op. cit. p. 155.
6 "... en permanente ascenso" conlleva una concepción que no compartimos, ya que el desarrollo o evolución del pensamiento -de la ciencia- es un constante fluir, de allí que concebirlo en ascenso o descenso requiere de parámetros a delimitar. No es aceptable esta concepción dialéctica, ya que las cualidades -producto de acumulaciones cuantitativas- no ascienden o descienden, sólo cambian por su constante fluir.
[7] Parte de un debate que inició Eduardo Novoa Monreal, a lo cual contestó Lola Aniyar de Castro y posteriormente surge una réplica; coincidimos con Novoa en cuanto al título, no así en cuanto a su concepción sobre el objeto de estudio de la criminología. Ver; -Novoa Monreal. Eduardo-.
Desorientación epistemológica en la Criminoala Critica? En Revista: Doctrina Penal N° 30. Año , Abril-Junio 1985. Buenos Aires, Editorial Depalma.
-Aniyar de Castro, Lola. *El Jardín de al lado o respondiendo a Novoa sobre la Criminología Crítica*. En Doctrina Penal N° 33-34, Enero-Junio 1986. Editorial Depalma, Buenos Aires.
- Novoa Monreal. Eduardo. *Lo que hay al lado no es un jardín: mi réplica a Lola Aniyar*. En Doctrina Penal N® 33-34. Buenos Aires. Editorial Depalma, Enero Junio 1986.

llamada criminología (aislada, elevada y divorciada de la realidad por efectos del positivismo) con un gran continente (la sociedad), tan rico por su variedad, tan concreto por su realidad (o producto de ella). Y no es posible coincidir con esa concepción parcelaria de la criminología porque significaría un lujo el ser criminólogo en Bolivia, ya que el problema principal no es el crimen común o las conductas penalizadas, como nos lo podría indicar el 0.1 % que constituye el contingente de presos[8] en relación a la total población boliviana; que respiramos por las calles, y que no sólo huele, sino... ¡hiede! y... ¡enfurece! como los crímenes de masas llamados genocidios (con tanques y metrallas, con desnutrición y sin asistencia médica y social), exilios (incluidos los exilios indirectos, mal llamados migraciones en pos de mejores niveles de vida), etnocidio, etc. o sea, acciones antisociales.

III.1.2. El sujeto como centro Histórico.

En anteriores trabajos[9] planteamos que nuestras sociedades -lo occidentalizado de ellas- tienen un valor dominante, producto de lo esencial de la economía de mercado: el consumismo, lo que provoca una orientación valorativa hacia los bienes materiales adquiribles y una carrera amoral en pos de acumular dichos bienes. Esto ha permitido consolidar una escala de valores orientada por la premisa VALES CUANTO TIENES, y de allí que el tener -material- ha desplazado al hombre de ser el centro y razón de todo. En cuanto al Derecho, en la concepción laboral, el hombre es también desplazado en cuanto a esta estructura jurídico-política la que se convierte en valor máximo, al cual el hombre tiene que someterse, y homogenizarse en cuanto a valores, costumbres y acciones. Y si miramos a Latinoamérica, tan sólo veremos la expresión bestial o verdadera cara (la esencia) de esta perspectiva: la Seguridad Nacional.

La criminología latinoamericana tendrá como parámetro principal al HOMBRE; pero no al individuo, más bien al

---

[8] Carranza. Elias y otros. *El preso sin condena en América Latina y el Caribe.* Costa Rica. Editado por ILANUD, 1983. p. 22-23. De allí se saca la información sobre porcentaje de la población detenida en recintos carcelarios, aunque esta información es demasiado limitada, pero constituye un indicativo o un punto de partida.
9 Colanzi, Alejandro. De//nctrencra *Pnvilegiada*. Op. cit. p. 10 -11 y 87.
- Colanzi, Alejandro. *Granja de Espejos*. Ob. cit. p. 148 - 149

hombre-sujeto interrelacionado dialécticamente con su medio, así como también socioeconómica y políticamente, de manera que se le facilite un desarrollo integral. Esta puntualización del hombre como centro, Zaffaroni la trabaja en relación al Derecho Penal[10] llamándolo "una fundamentación antropológica del Derecho Penal". Por considerar importante el desarrollo que este autor hace de esta -como muchas otras- idea, es que planteamos su incorporación como uno de los hilos conductores de todo estudio criminológico latinoamericano.

A. La Criminología Latinoamericana "No puede basarse en un ser derivado del valor".

"Siendo el valor una posibilidad de ser que aún no es", la criminología latinoamericana"... no puede fundarse en una deducción del ser del hombre que parta de lo que el hombre no es. Todas las pretensiones que quisieron derivar el ser del deber ser, han servido para alienar al hombre en pos de una idea entendida normativamente"[11]. Ya habíamos planteado[12] que "... tenemos que quitarnos paulatina, ordenada y dolorosamente toda aquella ideología que nos niega, nos determina y nos aliena..." buscando saber qué somos, fortaleciendo todo aquello que nos permita un fluir (dialéctico) histórico sin determinaciones producto de proyectos alienantes. Los programas políticos liberales, de derecha e izquierda, reproducen este DEBER SER por cuanto plantean modelos de sociedades hacia donde "deberíamos" encaminarnos, los cuales son resultados de procesos históricos de contextos muy diferentes a los nuestros y que conllevan valoraciones que desplazan al hombre de su lugar de centro histórico, para imponer un modelo de sociedad ideal al cual el sujeto tendría que someterse, en un proceso de individualización. El problema del determinismo histórico que tienen enraizado ciertos partidos marxistas, como el Trotskista Partido Obrero revolucionario (POR), el stalinista

---

10 Zaffaroni, Eugenio Raúl, *Manual de Derecho Penal: parte general.* Buenos Aires. Editorial EDÍAR. 1981. Tomo II. p. 421 -457.
-Zaffaroni, Eugenio Raúl. *Manual de Derecho Penal: parte General.* Buenos Aires, Editorial EDIAR, 1985. 4» edición. Capitulo XII. p. 301 - 302.
-Zaffaroni, Eugenio Raúl. *Política Criminal Latinoamericana: perspectivas-disyuntivas.* Buenos Aires. Editorial Hammurabi. 1982.
11 Zaffaroni, Eugenio Raúl. *Tratado...* .Ob. cit. p. 431.
12 Colanzi Zeballos, Alejandro. *Desideologizar para ¡ideologizar: en pos de una criminología **por la paz**.* .Ob. cit. p. 1

Partido Comunista de Bolivia (PCB) y otros, es el carácter alienante que ello implica, ya que plantean tanto un modelo "ideal" al cual encaminarse[13], como lo es el socialista, como etapas que cumplir en este nuevo estadio, o previamente. Esas etapas son las tareas democrático-burguesas o consolidación de las características básicas liberales, como la materialización del Estado Nacional y el proceso de homogeneización de los sujetos en cuanto a dichos valores.

B. La Criminología Latinoamericana "No podrá tener por base un racionalismo ni un voluntarismo puro".

"Que el hombre no es racional, pero que puede llegar a serlo, que es capaz de replegarse sobre sí y someter a crítica racional el mundo y sus propios actos..." es un razonamiento que nos impone una constante crítica, una permanente revisión de nuestras voluntades y de nuestros actos a la luz de la razón..."[14]; crítica y autocrítica que implica tanto el rechazo de determinismos históricos, como el de concepciones que conllevan la antidialéctica tesis de que el acontecer socio-histórico es producto de la voluntad de una clase económicamente dominante. La concepción de lo socio-histórico lo hemos planteado como el HACER EL PROPIO CAMINO CAMINANDOLO[15] en una combinación de voluntarismo y razón, no antagónicas, sino más bien, en un sincretismo dialéctico.

C. La Criminología Latinoamericana tendrá base realista.

Si se niegan el voluntarismo o el racionalismo puros, así también negaremos el idealismo, porque coincide en dejar de lado la realidad, aquella que se va construyendo por una rica y diversa contradicción de factores y no por "una pura trascendencia subjetiva". "Sin mundo no puede haber conocimiento, porque no puede haber hombre"[16]. El hombre, al preguntarse, lo hace respecto al mundo en que vive, y, al responder, crea conocimiento, que no es sino la explicación del

---

13 Idem. p.18.
[14] Zaffaroni. Eugenio Raúl. *Tratado...* . Ob. cit. p. 434
15 Colanzi Zeballos, Alejandro, *Desideologizar...* .Ob. cit. p. 1-2.
16 Zaffaroni, Eugenio Paúl, *Tratado...* .Ob. cit. p. 434.

porqué de la realidad que observa.

D. La criminología Latinoamericana "No puede fundarse en el conocimiento adquirido por la fe (aunque no tiene por qué ser contrario a él)"

"Nada de lo que se conoce por la fe puede mostrarse. Si el "yo" y el "tú" se encuentran en algo descubierto por la fe, será porque ambos descubrieron lo mismo, pero no porque uno lo haya mostrado al otro. Pretender fundar..." la criminología latinoamericana"... en lo que se conoce por la fe, implica pretender imponer al "tú" lo que "yo" conozco, pero sin mostrarlo -porque no se puede mostrar- con lo que se convierte en un puro ejercicio de poder sobre el "tú"[17].

Si se plantea una posición anti-alienante, como se viene haciendo a nivel macro-social, pues, a niveles intermedios y micros también se tiene que postular. No es posible concebir relaciones en las que se impongan criterios, de unos "iluminados" que reciben o llegan al conocimiento supremo y por ese "estado" pueden imponer su verdad al resto; verdad que no es entendida por no ser producto de un proceso generalizado o compartido, ya que los procesos de fe son individuales y los resultados no pueden ser entendidos porque obedecen a procesos subjetivos individuales. El cuestionamiento a una supuesta generalización y homogeneización y a todo aquello que lo pretenda, por su carácter anti-histórico, ya lo hemos planteado[18]. Ahora bien, esta defensa de no imposición no implica negar a quien tiene ese conocimiento obtenido por la fe, porque si se le niega, se estaría imponiendo algo, y esta accón es la que se tiene que rechazar en última instancia. "De allí que la fe como tal no sea necesariamente contraria a una fundamentación antropológica... pero que la "fe como ciencia" sea su enemiga mortal"[19].

E. La Criminología Latinoamericana "No puede marginar la Filosofía"

"El error del positivismo cientificista -al igual que el de

---
[17] Idem. p. 435.
[18] Colanzi Zeballos, Alejandro. *Oesideologizar...* .Ob. cit. p. 20
[19] Zaffaroni. eugenio Raúl. *Tratado...* .Ob. cit. p. 437.

alguna corriente teológica- radica en negarse a ver en la conciencia humana algo original, con una forma de ser distinta de los restantes entes, Cuando comprendemos que la conciencia humana es algo original, caemos en la cuenta de que el positivismo procede de un error metódico a partir de un cerrado principio dogmático que enraíza con el realismo teológico"[20]. Una criminología antropológicamente fundada, si plantea el hacer el "propio camino caminándolo", a niveles macro-sociales, mantendrá coherencia con ello, al aceptar que el hombre sea sí mismo, reconociéndole cierta originalidad de su conciencia. Lo contrario llevará a desconocer al hombre, y por ende, a su interacción social.

Cuando el científico abstrae lo concreto analizado, lo ordena u organiza, y es en esta tarea en donde plasma su originalidad, en donde "está en juego el ser", su ser. Intentar, como lo pretende el positivismo (y todo lo positivizado), quitar esa influencia para lograr total "objetividad", es quitar la esencia del científico, como también la de los demás: si negamos una, negamos todas[21] El "ser" del hombre, su libertad y su conciencia, plantea una dimensión en la que la ciencia no tiene respuestas, pero sí las tiene la filosofía[22]

F. La Criminología Latinoamericana "debe proporcionar externamente la libertad".

"La libertad se halla en el ser sí mismo, en el elegirse a partir de la angustia, es decidir de la propia existencia con autenticidad. La libertad está requerida de presupuestos externos, pero en sí misma es interna, es subjetiva. La libertad se manifiesta en el mundo, pero se opera en la conciencia: La libertad es el ser auténtico del hombre..." que la criminología -y su correlato jurídico- puede aspirar a facilitarle, pero en cuanto pretenda imponérselo lo destruirá irreversiblemente"[23].

Por ello, "... mediante la tutela de bienes jurídicos", se contribuye a la seguridad jurídica que es la garantía de un ámbito de disponibilidad que nadie puede afectar al hombre

---

20 Idem. p. 437.

[21] Idem. p. 437 - 438.
[22] Idem. p. 438.
[23] Idem. p. 439.

para que -si quiere- trascienda al mundo con su elección". Mediante esta garantía, la "Criminología Latinoamericana" aspira a que todos vayan "hacia arriba", que cada quien pueda llegar a ser libre y trascender al mundo con su elección auténtica, con su mismidad, con su "ser sí mismo", que le viene de la angustia ante la propia muerte como límite, como experiencia exclusivamente personal, reservada a la conciencia de cada quién. No quiere imponer la autenticidad -sería absurdo- sino sólo posibilitarle externamente, facilitar su proyección en el mundo, al menos al mayor número posible"[24].

El problema de la libertad nos la planteamos al sentimos determinados por ese gran límite que es la muerte. A partir de allí comenzamos a valorar lo que nos queda. Pero ¿Qué es lo que realmente nos queda? Si aceptamos que nuestras acciones están limitadas por todo aquello que el resto espera de nosotros, y a lo cual hemos contribuido al forjar figuras o modelos de los cuales no podemos separarnos, veremos que es muy poco lo que nos queda; más aún cuando nos percatamos que se han ido formando estructuras sociales y económicas que afectan, y por ende limitan, nuestra libertad. Esta situación en la que nos damos cuenta del reducido espacio de libertad, crea una angustia, la que a su vez nos puede llevar a dos consecuencias: a) resignarse o b) rechazar. Cuando se rechaza y se pretende reconquistar los espacios de libertad (siempre relativa por su límite real: la muerte) es esa misma angustia la que nos da la energía requerida en esa lucha a emprender; es esa angustia de sentir que tenemos poco tiempo, (y por ello debemos justificar ese pasaje corto antes de que todo finalice), la que nos lleva a aspirar la trascendencia, la razón de existir -aunque sea breve-; y es en esa aspiración, y la brega por su materialización, en la que encontramos la libertad. Es risible lo que implica "la pena privativa de libertad", en cuanto existe una verdadera privación de libertad aún sin rejas, aquella que nos condena a formas de vida alienantes, en las cuales la posibilidad de justificar este paso corto -llamado vida- se han reducido extremadamente.

Al darse la reducción de libertad, en cuanto al sujeto, por su dimensión social, ésta se da a niveles macro-sociales, de allí

---

24   Idem. p. 443.

que se pueden estar limitando la libertad de nacionalidades al imponérseles estadios a seguir, negándoles su propio desarrollo. Por ello, la criminología latinoamericana tenderá a posibilitar todo aquello que permita a las nacionalidades ser "sí mismas", viabilizando lodo aquello que acondicione esta búsqueda, como también la elección de no búsqueda o de resignarse, que, por ser una elección, es respetable.

G. La criminología Latinoamericana tiene que "rechazar como falsa la antinomia individuo-sociedad".

Es falsa la antinomia individuo vs. sociedad. Lo que sí existe es el sujeto (hombre) entendido en una interrelación continua y necesaria; y esta interrelación condiciona relativamente, pero también contribuye a la persecución de libertad. La angustia que provoca al hombre el límite de la muerte, está vinculada en cuanto se interrelaciona ya que es t»n esta situación en la que cobra sentido dicha angustia. Esa decisión (relativa) de ampliar espacios de libertad o de aceptar los que le concede el resto, está fuertemente vinculada por la participación del resto, ya que sus parámetros serán los de otros: sabrá del poco o mucho espacio de libertad, en cuanto descubra las dimensiones de la libertad en los otros; además, la trascendencia se percibe en cuanto surge la diferenciación de los otros, y en cuanto los otros lo reconocen y viabilizan la amplación del espacio. Soy en cuanto soy social.

Zaffaroni sostiene que "Cuando me pierdo y no te reconozco como "tú", sino como una cosa que "eres para", ya tío hay un nosotros, porque no estando "tú" quedo solo. Cuando quedo solo pierdo el "yo", porque quedo entre todas las cosas que (incluso tú) son "para mí", pero en ese caso también soy "para mí", es decir, soy una cosa más entre las cosas.[25]

III.1.3. El método Dialéctico.

Existe la tendencia a utilizar el materialismo histórico para el análisis criminológico[26], haciéndose necesario por ello,

---

[25] Idem. p. 454
26 Aniyar do Castro, Lola. *Conocimiento y Orden Social*. Ob. cit. p. 34 a la 44.
Anlyar do Castro, Lola. *Criminología de la Reacción Social*. Ob. cit. p. 157 -163.
Aniyar do Castro, Lola. *La realidad contra los mitos*. Ob. cit. p. 19-21.
Colanzi. Alejandro. *Granja de Espejos*. Ob. cit. p. 24.

reflexionar algunos aspectos referidos a este método.

El politólogo Ramos comienza a identificar las limitaciones del método histórico, planteando que "... la variable tiempo no es la variable más importante". Y en esto radica la diferencia con el llamado método histórico. La importancia de esa variable sería "secundaria" en la medida en que la génesis de un fenómeno tiene su propio ritmo y la causalidad se encuentra en los mismos hechos analizados" [27]. Por esta razón el autor citado plantea la aplicación de lo que denominamos como el método GENETICO, como apoyo al método dialéctico. "La concepción dialéctica del objeto nos conduce hacia una aproximación genética del mismo. Trátese de ir hasta el origen y génesis de los fenómenos sometidos a estudio a fin de determinar los antecedentes posibles. El estudio genético de los hechos implica siempre una respuesta al ¿cuándo?, ¿por qué? y ¿cómo? de los mismos, considerados como procesos que se desarrollan en el tiempo" [28].

Existen dos aspectos básicos que debemos tomar en cuenta. El primero se refiere al surgimiento del materialismo histórico. El segundo aspecto está referido a las implicaciones de su utilización. Veamos los detalles:

1) "La aceleración de la marcha del desarrollo social, la rápida sucesión de los acontecimientos, la radical ruptura de las relaciones sociales comenzando por la revolución inglesa y, sobre todo, la revolución burguesa de Francia (1789 - 1794), la extrema agudización de las contradicciones de clase y la salida de la clase obrera a la arena histórica son, en términos generales, las premisas sociales que favorecieron el surgimiento del materialismo histórico"[29] "El materialismo histórico fue creado por Marx y Engels al hacer ellos extensivo el materialismo filosófico y la dialéctica revisada sobre bases materialistas a la comprensión de la sociedad"[30]), a una concreta sociedad; a la sociedad europea en general y a Francia e Inglaterra en particular, ya que es allí donde se desarrollan las luchas obreras y el capitalismo,

---
26 Ramos Jiménez, Alfredo. *Una Ciencia Política Latinoamericana*. 2ª edición. Caracas, Editorial Carhal 1985. p. 112.
28   Idem
29 Konstantinov, **F,** y otros. Ob. cit. p. 171 -172.
30 Idem. p. 172.

respectivamente. El materialismo histórico hasta ahora conocido, es aquel surgido del análisis, a través del (como método) materialismo dialéctico de una realidad en donde se desarrolla el capitalismo y no otro.

2) Ya planteamos que en Marx y Engels se puede visualizar tendencias eurocentristas[31]), al concebir sociedades o naciones "bárbaras" o establecer que la actual América fue "descubierta" por los europeos y no invadida. El medir todo a partir de la realidad europea (esquematizada con el materialismo histórico), lo podemos seguir notando en el Prólogo. El método de la Economía Política, en donde Marx, textualmente afirma: "... Se puede decir, por otra parte, que existen formas de sociedad muy desarrolladas, pero históricamente inmaduras, en las cuales tienen lugar las formas más elevadas de la economía -por ejemplo la cooperación, una división del trabajo desarrollada, etc. - sin que exista tipo alguno de dinero, como ejemplo el Perú[32]. Marx leyó al historiador norteamericano William Prescott (1796-1856) que en su obra "Historia de la Conquista del Perú"[33] logra dar una visión romántica del Imperio Incaico, visión que fuera fortalecida por el francés Louis Baudin con su obra: "El Imperio Socialista de los Incas"[34]. Esta visión romántica la encontramos en marxistas -o personas influidas por este pensamiento- latinoamericanos[35], aunque existen tendencias contrarias a ella.[36].

El gran problema se presenta cuando se toma aquel

---

31 Colanzi Zeballos, Alejandro. *Desideologizar...* Ob. cit. p. 10-11.
32 Marx, Kart y Friedrich Engels. *Materiales para la historia de América Latina.* Cuadernos Pasado y Presente N® 30 Argentina. Editorial Siglo XXI. 1975. p. 23.
- Engels, F. *El origen de la familia, la propiedad privada y el Estado.* Santo Domingo-República Dominicana. Editonal Alfa y Omega. 1980. Én la p. 24-25 este autor ubica a la cultura suramericana en el período inferior de la etapa de barbarie.
[33] Prescott, William H. *Historia de la Conquista del Perú* Tomo I. Ediciones Peisa. Lima-Perú, sin
34 Baudin, Louis. *El Imperio Socialista de los Incas.* Traducción de José Antonio Arze. Santiago de Chile. Editorial Zig Zag. 1962. 5® edición.
35   Mariátegui, J.C. *Siete ensayos de Interpretación de la Realidad Peruana.* 2ª edición. Lima-Perú 1943. p. 7. *El comunismo incaico -que no puede ser negado ni disminuido por haberse desenvuelto bajo el régimen autocrático- se designa por esto como comunismo agrario'.
- Haya de la Torre, Víctor Raúl. *Ideario de acción aprista.* Buenos Aires. 1930. p. 118.
- Maroff, Tristán. *La justicia del Inca.* Bruselas. 1928.
36   Arze, José antonio. *Sodografía del incario: ¿Fue socialista o comunista el Imperio Incaico?.* La Paz-Bolivia. 1952. p. 14 - 20 y 23. Este autor resume su posición con estos términos *... en el Imperio Incaico, el fundamento de la organización es la desigualdad declarada entre la élite sojuzgante y la gran masa*.
- Liborio, Justo (Quebracho). *Bolivia: la revolución derrotada.* Bolivia, editado por Rojas Araujo, Cochabamba. 1967. Este autor concluye su análisis del Incalió: *Lo que en realidad hubo... fue LA ESCLAVIZACION COLECTIVA DE UNA CLASE POR OTRA. BASADA EN LA PROPIEDAD EN COMUN DE LA TIERRA POR LA CLASE DOMINANTE' p. 16.

desarrollo socioeconómico o materialismo histórico como etapas ineludibles (determinismo histórico). Esta aberración la comete Engels cuando escribe: " En América hemos presenciado la conquista de México, la que nos ha complacido. Constituye un progreso, también que un país ocupado hasta el presente exclusivamente de sí mismo, desgarrado por perpetuas guerras civiles e impedido de todo desarrollo, un país que en el mejor de los casos estaba a punto de caer en el vasallaje industrial de Inglaterra, que un país semejante sea lanzado por la violencia al movimiento histórico. Es en interés del desarrollo de toda América que los Estados Unidos, mediante la ocupación de California, obtienen el predominio sobre el Océano Pacífico[37]. Y decimos aberración porque Engels se complace con la invasión yanqui a territorios "bárbaros" o "feudales", ya que esta invasión significará el avance histórico, no importando las implicaciones socio-culturales, llegando a coincidir con las premisas positivistas sobre la evolución. Esto implica que unas élites de iluminados (idealistas o materialistas) pueden decidir la suerte del resto de la población. Conllevan demasiado autoritarismo y la negación de toda posibilidad de que el hombre pueda ser constructor de su propio futuro (admitiendo toda la relatividad posible de esta idea).

Son estas las razones que nos llevan a rechazar el materialismo histórico como método de análisis **de la** realidad boliviana o latinoamericana. No significa descartarlo completamente. Tenerlo como medida de un desarrollo socioeconómico, único e incuestionable, es lo que rechazamos. Tenerlo para comparar (sin medir) nuestras realidades, es admisible, ya que enriquecerá y nos servirá de guía no aberrante. Es más, América Latina está haciendo su propio materialismo histórico, en el cual la culminación del proyecto del control social significará un aporte a esta construcción.

Rechazar el materialismo histórico no significa hacer lo mismo con el materialismo dialéctico. Este es el método necesario para la interpretación de realidades concretas. A partir de este concreto, hay que explicarlo con la dialéctica romo instrumento de análisis, con todas sus leyes y sus

---

37 Karl, Marx y Friedrich, Engels. *Materiales para la historia...* Op. cit. p. 183.

respectivas categorías, sin desarticular este valioso método, que se tiende a utilizar en forma parcial, provocando su desnaturalización y, por tanto, explicaciones parciales y, en muchos casos, desorientadoras. Además hay que tomar en cuenta que "las categorías de la dialéctica guardan estrecha relación con sus leyes básicas. Las leyes básicas de la dialéctica se expresan y se formulan sólo a través de determinadas categorías, puesto que, en caso contrario, no se las puede expresar"[38].

La Doctora Aniyar de Castro puntualiza elementos de un método por ella propuesto[39]. Creemos que es conveniente agrupar algunos de dichos elementos, principalmente los signados con los números 2), 3), 4), 5), y 6), los cuales tan Sólo se tienen que denominar MATERIALISMO MATERIALISTA, ya que las contradicciones (elemento N^2 4)[40], la búsqueda de la esencia (elemento 2)[41], la totalidad (elemento S^{42}) y el análisis de lo real (elemento fi)[43], son categorías de las diferentes leyes dialécticas. Quizás, en la pretensión de puntualizar para efectos de mejor estudio, es que se disgregó; aunque se corre el riesgo de desorientar. De allí la propuesta para reinsertarlos, devolviéndole la riqueza al mencionado método dialéctico.

III.1.4. Desideologizar para ideologizar.

Ya hemos planteado que las diversas opiniones que se vierten son verdades para quienes las emiten[44], por que lo ven así desde sus posiciones socio-económicas, políticas, etc. Esto no significa que dichos condicionantes sean determinantes al emitir sus opiniones. Las opiniones parten de una relación (indirecta o directa) con realidades concretas, en distintos grados o proporciones. Esta relación con la realidad concreta es aprehendida o captada por el observador, que, en el proceso de abstracción, y en el de explicación, proyecta aquel cúmulo de conocimientos o vivencias que les están dando vueltas en la mente. Así tenemos que, Newton en el momento en que le

---

[38] Konstantinov. F. y otros. Op. cit. p. 108.
[39] Aniyar de Castro, Lola. *Criminología de la Liberación*. Ob. cit. p. 40
[40] Konstantinov F y otros. Ob. cit. p. 108.
[41] Idem. p. 126.
[42] Idem. p. 109
[43] Idem. p. 121
44 Colanzi Zeballos, Alejandro. *Granja de Espejos*. Ob. cit. p. 16

cayó la manzana (casualidad), tenía una serie de reflexiones que le venían quitando el sueño, las que estaban muy relacionadas con el acontecimiento, que en ese momento de reflexión, le sucede. Si forzáramos la imaginación tendríamos diferentes reacciones ante ese mismo hecho. Si en vez de Newton estuviese un sacerdote dogmático quién continuamente se está "defendiendo" de las tentaciones diabólicas, al percibir la caída de aquella brillante y madura manzana, saldría escapando ante esta nueva tentación de Satanás, pero antes de abandonar el lugar, bendeciría el árbol para alejar a su constante enemigo de ese sitio. Si fuera un enamoradizo poeta que está haciendo hora para la cita con su dama que le descontrola el corazón, esa manzana madura que cae del árbol podría inspirarle un poema muy relacionado con su bella enamorada. En cambio, a un paisano con muchos problemas, entre ellos un fuerte dolor de cabeza que le obliga a tomar sombra (debido al candente sol) bajo el frondoso manzano, y debido al agotamiento, se está por dormir, pero que, en ese justo momento le cae la famosa manzana en la cabeza despertándolo y agudizándole el dolor de cabeza, se le producirá una reacción diferente, siendo inconveniente describir cómo exteriorizaría su rabia contra la "inocente manzana", porque todos alguna vez hemos estado en situaciones similares y podemos entender. Todas estas imaginadas descripciones tienen como objetivo demostrar que ante un mismo hecho las visiones pueden ser diferentes, por distintas razones. Una "casualidad" puede provocar diferentes actitudes o ser utilizada con fines diferentes. Aunque es casualidad para ese hecho (Newton, el sacerdote, el poeta o el paisano), no lo es para el proceso del árbol.

En el ámbito del conocimiento tenemos que las personas aportadoras de "luz científica", parten de concretos reales (significativos o no, generalizables o no), sólo que el observador fuerce ese hecho ante el cúmulo de concepciones con las que viene trabajando. Pudo ser ese hecho, como también cualquier otro, tan o menos significativo que el otro. La cuestión es que este observador busca por necesidad, cualquier hecho, y si se adapta a lo que necesita, pues lo toma y lo reviste de su ideología o proyecto.

La criminología no ha escapado al proceso de impregnación ideológica descrito anteriormente. Es imposible negar la observación que Lombroso hace al practicar la autopsia del Calabrés Vilella[45], y encontrarle aquella depresión craneal: "La foseta media de la cresta occipital, en lugar de la protuberancia que normalmente se encuentra en el cráneo humano". ¿Cómo negarle que Verzini o Misdea no reúnen lo que él observa?. Imposible. Innegable: él vio aquello. Lo rechazable está en su concepción darwiniana, mal combinada con lecturas positivistas que impregnan sus observaciones. Reiteramos, Lombroso capta un concreto real, al cual reviste de una ideología eminentemente racista y clasista, quizás sin darse cuenta. Lo importante está en poder distinguir lo concreto real y lo ideológico, para así poder iniciar el proceso de desideologización, rescatar lo concreto observado verificando su grado de utilización, para poder definir su incorporación a esta construcción de lo que denominamos criminología latinoamericana. Este proceso de desideologización es importante ya que "Necesario torna-se estar alerta para evidenciar o hiato que separa o conhecimento discursivo do objeto real, para apontar problemas e nao aceitar as falsas solucoes, alienadas do seu contexto social, económico, político e ideológico"[46]. No significa ésto caer en la pura búsqueda de lo "objetivo" como lo plantea el positivismo; más bien la búsqueda es de la totalidad, aquella categoría dialéctica que nos permite una visión completa de lo observado y por esto la claridad de que cada punto de vista particular necesita ser complementado con todos los demás"[47] y "El progreso de una ciencia no consiste sólo en la búsqueda y el descubrimiento de lo nuevo, sino también en la conservación e integración de lo adquirido... Una mirada sincera hacia el pasado puede ayudar a curarnos de aquella ilusión según la cual cada generación se imagina que la ciencia comienza con ella"[48].

---

[45] Gómez Grillo, Elio. *Introducción a la Criminología*. Tercera Edición. Caracas. Editada por Librería Pñango. 1979. p. 106 - 107.

[46] Capeller. Wanda. *Por una Revisáo epistemológica da criminología*. Texto apresentado no IV Í NCONTRO ANUAL DA ASSOCIAQAO NACIONAL DE POS-GRADUAQAO E PESQUIZA EM CIENCIAS SOCIAIS. Río de Janeiro. 1981. Mimeografiado. p. 8.

[47] Mannheim, Karl. cit. por; Juan Carlos Aguila. *De la sociología del Conocimiento a la Teoría Crhkia*. Huertos Aires. Editado por el Instituto Torcuato Di Telia. 1978. p. 30.

[48] Ellembergue, H. xcit. por; Luis Bravo Dávila. *A propósito del debate crítico: anexando ¡ngrmílontes tradicionales*. Mimeografiado. Caracas 1987. p. 1.

Para ejemplificar lo anterior podemos imaginamos una sala donde se encuentran personas distribuidas en toda ella. En el centro de dicha sala se encuentra un arma de fuego. Ante la pregunta lanzada sobre ¿Qué ven?, surgirán respuestas de lo que ven. Algunos verán las partes del arma que su posición en la sala les permite, no siendo posible ver las otras partes, pudiendo ser un costado del arma o el otro costado; otros verán la parte trasera y otros la delantera, otros verán la parte de arriba y otros la de abajo. Si preguntáramos ¿para qué sirve?, ¿cómo se fabrica?, etc., tendríamos tantas respuestas como personas presentes en dicha sala, aunque podríamos reagruparlas así: a) sirve para mantener el orden legítimo y legal del gobierno y se fabricó gracias a la pujanza de empresarios; b) sirve para masacrar al pueblo que lucha por sus derechos históricos, y se fabricó gracias a la explotación del obrero por obra de la burguesía; c) sirve para cazar, o para practicar deportes, y se fabricó gracias a la inteligencia de quien la ideó. Principalmente nos interesa reconstruir la totalidad de lo real observado, aunque esto viene acompañado de concepciones ideológicas diversas. En muchos casos lo real observado es tan insignificante, por haber sido cubierto de tanta ideología, que pierde contacto con lo real. El análisis de los diferentes proyectos (o ideologías) se hace necesario para ver hasta qué punto nos pueden alienar.

Cuando se analiza la ley del método dialéctico respecto a la acumulación y al cambio cuantitativo en cualidad diferente, estamos verificando el hecho de que existe relación entre la cantidad y la cualidad, aunque también existen diferencias entre estas dos categorías. Lo importante es aceptar la acumulación de la cantidad, aunque también existen diferencias entre estas dos categorías. Lo importante es aceptar la acumulación de la cantidad, ya que, a mayor acumulación de las partes de lo real observado, podemos lograr una visión de totalidad, y tener de allí una visión de cualidad diferente. Lo cualitativo no es acumulable, y que es una visión influida por la cantidad, aunque no siempre, como se ha señalado anteriormente. Lo cuantitativo, solo, no significa mucho, si no está orientado por lo cuantitativo o por el proyecto que se tenga.

III.2.- PARA EL PROYECTO POLITICO

Habíamos planteado que toda propuesta sería producto o resultado del análisis de lo concreto; postura que ratificamos. Por ello, en base a las primeras observaciones (que podrían caer en lo profundo) que se han realizado, y que hemos planteado en el presente trabajo, nos permitimos emitir propuestas que sirvan a ese gran proyecto político de liberación. Las propuestas a plantear están enmarcadas dentro de la criminología y orientadas básicamente hacia el proyecto político, permitiendo esto, la actuación del criminólogo en su campo específico, sin olvidar -ni frustrar- su dimensión política.

III.2.1. Perforamiento del Estado-Nación Liberal

"Desde el punto del capital, su proceso de concentración creciente conduce a una concentración económica, social y espacial de los medios de producción y de las unidades de gestión. Consiguientemente, tiene lugar un proceso de concentración o socialización de la fuerza de trabajo necesaria para producir y gestionar. Y por lo tanto, se requieren los medios de reproducción de esa fuerza de trabajo, que a su vez se concentran en lo que llamamos unidades colectivas de consumo, o conjunto de bienes y servicios interdependientemente necesarios para asegurar la vida cotidiana de una colectividad. La interdependencia creciente de la producción, la gestión y el consumo, suscita una interdependencia entre sus unidades y contribuye a formar unidades complejas de producción y reproducción de dimensiones cada vez mayores: son las áreas metropolitanas.[49] Por ello "El consumo ocupa un papel cada vez más importante en el proceso de realización del capital",[50] Y es en esta dirección hacia donde tienen que apuntar las acciones del criminólogo latinoamericano, oponiéndose a todo aquello que signifique masificación a través de concentraciones urbanas. De por sí, esas migraciones hacia la ciudad llevan implícita la negación del entorno socio-cultural, fortaleciéndose esta alienación con los valores que impone el ritmo de vida de la ciudad. No es siempre por causa del consumismo, (aunque

---

49   Castell, Manuel. *Crisis Urbana cambio Social*, México. Editorial Siglo XXI, 1981. p. 319.
50   Idem. p. 320.

generalmente) ya que los migrantes no tienen los medios materiales para ello. Por lo tanto, son el consumismo más otros mecanismos los que entran en funcionamiento, no siendo necesariamente institucionalizados, ni previstos o calculados por los grupos oligárquicos dominantes; más bien, son resultados o efectos de toda concentración masiva, en donde los recursos son menores que el número de personas que aspiran a ello, imponiendo un ritmo de vida que conlleva la adopción de valores diferentes a los de la vida rural.

El Estado-Nación liberal produce homogenización. Niega la posibilidad de lo diverso. A partir de allí se genera una serie de marginaciones de grupos que no se asimilan o que les cuesta hacerlo, esto es más claro cuando este Estado- Nación no está consolidado, como en el caso de Bolivia, y requiere de una dosis mayor de autoritarismo para funcionar.

La tendencia deberá ser hacia el respeto de lo diverso, desde el exterior y en el interior de las múltiples nacionalidades que conforman la Patria, evitando así imposiciones elitistas y autoritarias. Así estaremos encaminándonos hacia la sustitución de la democracia representativa por una democracia participativa.

III. 2.2. Democracia Participativa.

El liberal Estado-Nación viabiliza estructuras élite seas, ya que el depositar en pocas manos toda la responsabilidad de decidir, posibilita la construcción de concepciones de privilegio, y como tales, se inicia la separación de los representantes de sus representados.- Esta separación consolida concepciones como el "ser indispensable", además de un continuo desplazamiento de los intereses de sus representados por los propios, estructurándose una red burocratizada de espacios que se negocian. Todo a espaldas de los representados. Por ello, la democracia representativa es una democracia "del" pueblo, "para" el pueblo... pero sin el pueblo. Es una democracia vertical.

La democracia participativa pretende la horizontalidad. Un sistema donde sean las comunidades (nacionalidades, tribus, barrios, condominios, etc.), las que propongan soluciones. Donde se construya de abajo hacia arriba, diferentemente a como lo hace la estructura representativa, que es de arriba, y supuestamente, hacia abajo.

La democracia participativa implica alejar a la sociedad política de sus facultades de ingerencia en asuntos que pueden y tiene que ser resueltos en instancias no oficiales.

Es posible que surja la crítica de que esto se asemeja a aquella añoranza de volver a la comunidad primitiva, que el movimiento contestatario "hippie" europeo pretendió materializar. No se trata de añoranza, sino de respetar lo que existe. Y en Bolivia existe: es real. Darle continuidad a lo existente no es añorar, tampoco es asumir una posición reaccionaria, pero sí es oponerse a las concepciones de "integración", "progreso", "civilización y desarrollo", ya que éstas conllevan un eurocentrismo racista y cultural. Es tan sólo apoyar lo que estas nacionalidades aspiran.

Es esta democracia horizontal o participativa la que permitirá el respeto a las nacionalidades. Es este tipo de democracia la que viabilizará la aspiración de Rangel: "Para nosotros y para todos los criollos desde México hasta Argentina es que no está muy lejano el día en que las Constituciones de América Latina tengan que reconocer a las naciones indias. Cuando el racismo desaparezca -en el fondo somos racistas como los gringos, sólo que disimulárnoslos criollos latinoamericanos tendrán que hacer patentes, unos hechos tan grandes como una catedral. Entonces el astigmatismo o el daltonismo histórico que nos permiten ver la nacionalidad francesa, pero no la goajira que la tenemos en las narices, habrán de desaparecer"[51] Es esta democracia la que hará posible la abolición de la pena privativa de libertad.

III. 2. 3. Abolición de la Pena Privativa de Libertad.

No analizaremos el porqué y para qué de la pena privativa de libertad. Existen trabajos de muy alto nivel sobre este tema, entre otros Foucault[52], Rusche y Kirchheimer,[53] Melossi

---

[51] Rangel, Domingo Alberto. *La Nación Guajira y sus Derechos*, En: Diario Panorama de fecha 30 de Agosto de 1987. p. 4-1. Maracaibo- Venezuela.
[52] Foucault, Michel. Ob. cit.
[53] George, Rusch y Otto Kirchheiemer.. Ob. cit.

y Pavarini.[54]

¿Por qué planteamos la abolición de la pena privativa de libertad?. Por dos razones. La una es socio-histórica, la otra de adecuación de lo jurídico a lo real.

Si echamos una mirada a nuestra historia veremos que la pena privativa de libertad no tiene el respaldo de las condicionantes materiales capitalistas, con las que cobra vigencia y legitimación. Por ello se toma débil, por no decir inexistente, en el tipo de nacionalidades rurales agrícolas bolivianas - a excepción de la minoría blanco-mestiza occidentalizada, y todavía en este sector es relativa su vigencia- donde más bien se da la compensación, ya que "...para la familia agrícola el delito contra uno de sus miembros se traduce en la pérdida de un cooperador de cultivo, de un bracero de la faena más fundamental a la vida del grupo. Esta es la conciencia colectiva de la sociedad agrícola respeto de un delito de sangre. Por tanto, de ese fondo de utilitarismo vital, de cohesión física y psíquica, se desprende el concepto del delito y de la manera de penarlo. La pena no puede tener sino un carácter compensatorio de la pérdida de la disminución de utilidad de elementos de existencia y prosperidad de la familia y el grupo"[55]. Una vez establecida la compensación"... quedan desde ese momento: restablecidas las relaciones familiares o individuales, rotas o interrumpidas por una lesión o muerte"[56].

Plantear la sustitución de la pena privativa de libertad por la figura de la compensación viene a significar el perforamiento del proyecto de masificación del mercado único, y principalmente, respaldar la continuidad de instituciones ligadas a nuestra historia, lo que llevaría a una reafirmación de la identidad de nuestras nacionalidades, y esto representará una gran victoria en la contradicción que vivimos: Imperialismo versus Nacionalidades. Significará victoria porque se ataca la médula: la homogenización masificadora. También permitirá a la comunidad convertirse

---

[54] Melossi. Daría y Pavarini. Massimo. Ob. cit.
[55] Saavedra, Bautista. *El Ayllu: Estudios Sociológicos.* Cuarta Edición. Bolivia. Editorial Juventud. 1971. p. 115.
[56] Idem. p. 114.

en fiscalizadora de actividades antisociales (delincuencia no convencional), ya que las convencionales quedarían reducidas al darse la democratización en la conceptualización del delito.

Por otro lado existe otra razón, que percibimos al observar lo que acontece a nuestro alrededor. Ya señalamos en el punto III. 1. 1., el bajo porcentaje de detenidos que hay en Bolivia en relación a la población total, a pesar de que se producen conductas tipificadas como delito. Existen, pero en su gran mayoría no son denunciadas, y cuando lo son, se solucionan en esa primera instancia, mediante un arreglo más o menos aceptable. Por otro lado, observamos que aquellos conflictos que llegan a los tribunales, persiguen la compensación material, una vez obtenida la cual, se abandona al proceso, con excepciones, por supuesto. Estas observaciones nos llevan a fortalecer la idea del arreglo sin intervención de la sociedad política, como también confirmar que la pena privativa de libertad no tiene respaldo en las valoraciones de los habitantes. En todo caso la forma de castigo-compensación, debe tener una relación directa con los bienes materiales y sociales de quien crea el conflicto o comete el delito, con eso se evita que un millonario pueda cometer tantos crímenes como dinero tenga.

Las personas buscan restablecer el equilibrio perdido por el conflicto (delito) en el cual se vieron envueltos. La pena privativa de libertad no les resuelve ese desequilibrio, más bien lo agudiza. Este equilibrio está reflejado principalmente en lo material; por ello la solución debe tender al restablecimiento de ese equilibrio a través de la compensación material. Esto no será útil para todos los conflictos, pero solucionaría muchos. Formalizar lo que se da en los hechos es restituir la comunicación entre los conductos que deben existir entre la realidad y las leyes.

III. 2. 4. El Condicionamiento Principal.

No somos ilusos al plantear todas las propuestas que se han vertido. Ello se podrá dar sólo en una situación de movilización social, en la cual la dirección refleje la necesidad de cambio y tenga la voluntad para ello. Significando esto que el cambio se genera en la sociedad civil. De allí que dichos planteamientos sirvan de instrumento para movilizar a la sociedad civil. Claro que tampoco nos interesa la movilización de toda la sociedad civil, sino tan sólo la de aquella parte que busca su liberación por las condiciones materiales adversas en las que vive así como la de aquellos que se solidarizan con estos marginales (de la vida humana).

Es acumular cantidad, persiguiendo la cualidad. Es movilizar (obteniendo pequeños logros), para la búsqueda de cambio, ya que sin éste será imposible lograrlo.

EPILOGO

Una explicación necesaria

Hace más de 5 años finalicé el trabajo que intitulé "Desideologizar para ideologizar. Reflexiones para una Criminología Latinoamericana". Por qué después de tanto tiempo es que me decido a publicar este trabajo de investigación. Creo que pese al tiempo transcurrido puede servir para quienes están en un proceso de reflexión, de continua búsqueda, análisis de hechos y/o realidades que les puede servir como referente, o una opinión más. Son reflexiones que hice en un momento determinado de mi vida; son reflexiones que vertí antes de la histórica caída del Muro de Berlín, que más que el derrumbe de una obra de ingeniería fue o se constituyó en un hito histórico, por todo el movimiento sociopolítico que llevó a la caída de lo que conocemos como el socialismo real; y, esta obra tiene un valor ya que la hice antes de este acontecimiento histórico, antes que todo el cuestionamiento que se hace al bloque socialista; por eso es que tiene un significado especial, porque se constituye en una crítica y autocrítica de una posición, de todo un pensamiento que en algún momento había asumido como propio, que había aceptado como parte de mi concepción de mundo; y, digo que es importante, porque así llegué a esas concepciones, cuestioné y comencé un recorrido por organizaciones políticas-partidarias buscando respuesta, y antes que desde fuera viniese el cuestionamiento y el derrumbe, internamente fui derrumbando lo que consideraba que no correspondía a la realidad boliviana en la cual me había formado y desarrollado.

Resumiendo, lo que quiero resaltar es que el cuestionamiento de estas categorías las hice antes del derrumbe o lo que muchos consideraron como el fin de la ideología socialista; antes de ello, inicié mi propio derrumbe y contrastación con la realidad. No ha sido por moda que procedí a ese derrumbe, sino por una realidad que me llevó esa interacción mostrándome la inconsistencia de dichas categorías y confusión de un pensamiento; y, esta experiencia es la que quiero transmitir porque no tendría significado o sentido si no la proyecto ya que parto de una concepción filosófica que me apunta, señala y conduce a admitirme como ser social y no tendría sentido si no la transmito, porque en tanto y en cuanto me proyecto, me afianzo; en tanto y en cuanto me miro, veo y transmito, me siento ser social.

¿Por qué intitulé a esta obra "Búsqueda Criminológica"?, cuando el título original fue el de "Desideologizar para Ideologizar. Reflexiones para una Criminología Latinoamericana" Fue parte de un proceso personal de búsqueda en una etapa de turbulencia, de cambio interno, de necesidad de afianzarme y de responderme, y ante esa necesidad, comencé a hacer un camino. Quiero resaltar que el título original proyecta esa búsqueda; y la muestra porque este trabajo lo concebí en un momento en que por lo menos sabía que era lo que no debía mantener dentro de mi escala de valores y de mi concepción de mundo. Sabía que debía desideologizar, desmontar todo ese pensamiento que utilizaba, que me servía y me proyectaba hacia el resto de los seres. El segundo paso era el ideologizar; y en esa ideologización proyectar mis aspiraciones y necesidad de un mundo solidario y libertario, donde además la confraternización, en ese diario interactuar nos conduzca a entrelazar vínculos que nos posibiliten caminar hacia la libertad empapados o imbuidos de una libertad solidaria.

En la perspectiva criminológica, buscando construir una criminología latinoamericana, realista y no idealista, que no imponga, restrinja ni limite la libertad y la solidaridad; una criminología y un pensamiento filosófico y político que me posibilite"... Hacer camino al andar..."; no un camino impuesto o predeterminado.

Esta búsqueda se inicia en mi adolescencia cuando comienzo a necesitar una estructura en la cual haya respuesta para muchas interrogantes. Estructura que la recibimos de un entorno empapado de una ideología verticalista, producto de una combinación religiosa y política; un entorno influenciado por la familia en la cual identifico la figura fuerte maternal con una concepción política bien definida. Un entorno colegial donde existieron otros ingredientes como ser esa concepción religiosa influenciada por un franquismo fascistoide. Además de una otra variable, que fue mi entorno social: mis vecinos, compañeros de colegio y parientes; el mismo que se caracterizó por estar cercanos a concepciones o con relacionamiento directo con gobiernos que absorben y utilizan el verticalismo. De allí la explicación de por qué mi acercamiento a la figura del Gral. Bánzer en los primeros años de la universidad; además, obviamente, tener una fijación anti-izquierdista.

Posteriormente, en la universidad comencé a recibir otro tipo de información y opinión, la misma que fue penetrando y siendo aceptada. Cuando el golpe de Estado del Gral. Natusch comenzó a verse los efectos de esa otra información y opinión, pero fue posterior, cuando el Gral. García Meza apoyado por un grupo económico fuerte llega al gobierno, marcó el inicio del final de esa concepción interna verticalista; fue la muerte - forma y fondo- de Marcelo Quiroga con quién no compartía, pero respetaba sus ideas.

Lo que no podía, ni puedo compartir bajo ninguna circunstancia era esa "divinidad" que asumían una o varias personas para quitar la vida a quien exponía sus ideas; y dicha no aceptación inició mi alejamiento de esas concepciones.

En ese alejamiento es que me acerco a las concepciones liberales conocidas como iluministas o contractualistas; y es allí donde me regocijo al encontrar un pensamiento que estaba necesitando y buscando. El activismo, la necesidad de satisfacer otro tipo de necesidades, como denunciar el saqueo y debilitamiento que se estaba haciendo al Banco del Estado, me llevan a acercarme al Partido Obrero Revolucionario (POR), a quienes busqué para que publiquen un trabajo que había escrito con un gran amigo sobre las fuerzas armadas; me indicaron que era el único partido que podía publicar y repartir, y, además, denunciar lo que estaba pasando en el Banco del Estado.

En esa búsqueda de purismo me di cuenta que el POR era una organización que no estaba manchada por corrupción, ya que nunca había llegado a ser gobierno y, cuando había tenido alguna dirección sindical o estudiantil lo hizo con transparencia y honestidad; además, la entrega de todos ellos a sus ideas. Tomé la decisión de militar en dicho partido.

Su estructura de centralismo democrático suponía debate interno. Siendo militante vi aspectos que rechacé. Al estar saliendo de una estructura verticalista no toleré el culto a la personalidad que allí se profesa y menos "verdades absolutas" que se imponen. Expuse mi posición sobre la participación del actual Secretario del Comité Central del POR, Guillermo Lora, en lo que fue la revolución del 52; mostré que pese a que 4 días después del 9 de Abril del 52, desde París, había rechazado la revolución del 52 por su carácter burgués, sólo 4 años después se separa o expulsa a militantes del POR que estaban participando del gobierno del MNR, y por lo tanto, durante 4 años había sido un cómplice de aquello que él llamaba revolución burguesa. Eso implicaba una contradicción de Guillermo Lora. **Además,** había discutido otros puntos. Esto posibilitó mi expulsión sin derecho a defensa. Ante esta situación, logré reunir a quienes me habían expulsado, discutiendo cada uno de los puntos por los cuales me habían expulsado, rebatiendo todos ellos, excepto mi cuestionamiento a Guillermo Lora, quedando pendiente hasta que el Comité Central tomara una posición oficial al respecto, dentro de lo que se conoce como el centralismo democrático. Ante esa situación es que el Comité Central Departamental suspendió mi expulsión, y al recibir la noticia de que yo ya no estaba expulsado, sino reincorporado, pues en ese momento me despedía de ellos presentándoles mi renuncia y agradeciendo por el favor que me hicieron al mostrarme un partido en el que se rendía culto a la personalidad, no se admitía discusión alguna y se negaba el derecho a la defensa. Eso no era admisible dentro de mi concepción de libertad y solidaridad.

Posteriormente me acerqué a una organización político-militar que como anzuelo ofrecía un proceso de bolivianización del marxismo, de adecuación a nuestra realidad, de reconocimiento a los valores de libertad y solidaridad.

Interesado por esta carnada acepté ingresar. Durante el trabajo fui dándome cuenta que unos se beneficiaban del esfuerzo de otros; los de arriba se aprovechaban de los de abajo, a quienes yo llamaba los peones ya que eran quienes ponían la cara y dedicaban su mejor tiempo y energía tenían que enfrentar a sus familias, a su realidad con mucha limitación; y, en cambio los otros, disponían de todo lo que la organización les podía dar.

Esto significó una decepción más en esa mi búsqueda, Había sido una ilusión -y decepción- que me permitió avanzar hacia la salida de concepciones que aparentemente eran diferentes, pero que en los hechos y doctrinalmente constituían lo mismo que aquello que yo rechazaba.

Este proceso de reflexión -hacia la salida- se hace posible al hacer el postgrado en ciencias penales y criminológicas en Maracaibo-Venezuela. Es allí que comienzo a hacer mi crítica y autocrítica de todo lo que me había pasado en ese recorrido en búsqueda de respuestas; y, es en ese espacio de dos y medio años que identifico lo que no debía mantener dentro de mi concepción de mundo.

Mi paso por el Partido Obrero Revolucionario y por la organización política-militar significó avanzar hacia la destrucción de esa concepción que rechacé desde el asesinato de Marcelo Quiroga Santa Cruz.

No encuentro diferencias de fondo y forma entre un García Meza, Guillermo Lora y los dirigentes de la ya mencionada organización político-militar. Todos ellos, bajo el discurso de pretender un mundo mejor niegan los derechos del otro (altro), careciendo totalmente de altruismo. Veo coincidencia dentro de la inaceptable Doctrina de Seguridad Nacional, concepción empapada de una filosofía idealista, verticalista, determinista, negadora del ser social y más aún de su diversidad racial e ideológica; estructura de poder que permite que quienes están en la cúpula sientan, piensen y quieran ser dueños de la verdad, de la vida y patrimonio del resto. Stalin y Hitler reviven en estos seres.

Mi búsqueda, entonces, me permitió identificar aquello que no debía mantener: aquí llegué al finalizar el post-grado; esto lo plasmé en mi tesis de maestría que hoy intitulo BUSQUEDA CRIMINOLOGICA.

Pero esta búsqueda tiene una otra etapa, no plasmada en el presente trabajo. Esta se inicia al regresar del postgrado, cuando comienzo a materializar un viejo proyecto preñado por concepciones de libertad y solidaridad. Mi entrega total y obsesiva contra el genocidio institucionalizado y sistemático que -hoy ya puedo decir con orgullo y satisfacción- se realizó en la GRANJA DE ESPEJOS, implicando esto salvar vidas de seres humanos que habían llegado allí por una y otra razón, equivocados o confundidos, en justicia o por injusticias, voluntaria o involuntariamente, ¡pero SERES HUMANOS... CARAJO!!!

Ese accionar interrelacionado con "otros" me permitió identificar lo que sí quiero, siento y pienso. Me costó reconocerlo. Está dentro del marco liberal, con todas sus contradicciones, pero con todas sus riquezas. No seguro aún, inicié una serie de diálogos con -y a- quienes humana e intelectualmente respeto. Entre los más sobresalientes puedo mencionar a Rosa del Olmo, quien después de muchos años de reflexión sobre el marxismo, concluía coincidiendo con lo que yo planteaba; pero con quien llego a finalizar esas dudas es con un ser a quien considero más que un penalista y filósofo del Derecho: un filósofo de la vida, me refiero al MAESTRO Raúl Eugenio Zaffaroni. Ese diálogo me llenó muchos vacíos y aclaré muchas dudas, como siempre lo ha hecho Raúl a través de sus escritos o de los diálogos que hemos sostenido. Esa conclusión me alivió y permitió avanzar, ya que ahora creo que todo es posible dentro del liberalismo; que todavía no ha sido utilizado en su grandeza, que dentro de él es posible luchar para ensanchar la libertad y solidaridad, adecuándolas al diario vivir y, citando a Gramsci, podemos decir a los neo-dialécticos materialistas que es imperativo meterse en el sistema, luchar dentro de él para poner el sistema al alcance y beneficio de los débiles que son la mayoría.

Ahora mi búsqueda es por un mundo algo más libre y solidario de lo que lo encontré.

S.C. 09/03/95

BIBLIOGRAFIA

ALTHUSSER, Luis, *Ideología y aparatos ideológicos de Estado.* Colombia, Editorial Pepe, sin data.

ARON, Raymond. *Las etapas del pensamiento sociológico.* Argentina, Ediciones siglo XXI, 1980.

ANIYAR DE CASTRO, Lola, *El proceso de criminalización.* en: Revista "Capítulo Criminológico N⁹1. Maracaibo, Ediluz, 1973.

ANIYAR DE CASTRO, Lola, *Los desviados como víctimas,* en: Revista "Capítulo Criminológico N⁹ 2. Maracaibo, Ediluz, 1974.

ANIYAR DE CASTRO, Lola, y SANTOS AL VIS, Thamara. *prisión y clase social* en: Revista "Capítulo Criminológico N⁹ 2. Maracaibo, Ediluz, 1974.

ANIYAR DE CASTRO, Lola, *Investigación Criminológica en Venezuela. Problemas y perspectivas* en: Revista "Capítulo Criminológico N⁹ 5. Maracaibo, Ediluz, 1977.

ANIYAR DE CASTRO, Lola, *Criminología de la Reacción Social..* Maracaibo, Ediluz, 1977.

ANIYAR DE CASTRO, Lola, Conocimiento y orden social: criminología como legitimación y criminología de la liberación. *Maracaibo, Ediluz, 1981.*

ANIYAR DE CASTRO, Lola, *La realidad contra los mitos.* Maracaibo, Ediluz, 1982.

ANIYAR DE CASTRO, Lola, Un largo editorial: la historia aún no contada de la criminología latinoamericana. *En: Revista "Capítulo Criminológico" N⁵ 9/10. Maracaibo, Ediluz, 1984.

ANIYAR DE CASTRO, Lola, *Notas para la discusión de un control social alternativo.* En:Criminología Crítica, 1er. Seminario. Medellín, Colombia. Editado por la Universidad de Medellín. 1984.

ANIYAR DE CASTRO, Lola, *La nueva criminología y lo criminalizare.* En: Revista del Colegio de Abogados Penalistas del Valle N®15, vol. VIII, II semestre. Cali, Colombia. 1986.

ANIYAR DE CASTRO, Lola, *El jardín de al lado o respondiendo a Novoa sobre la criminología crítica.* En: Revista "Doctrina Penal" N® 33 - 34. Buenos Aires. Editorial Depalma, 1986.

ANIYAR DE CASTRO, Lola, *Criminología de la Liberación.* Maracaibo, Ediluz, 1987

ANIYAR DE CASTRO, Lola, *Un debate sin punto final.* Mecanografiado sin data.

ANIYAR DE CASTRO Lola, *La nueva criminología y los Derechos Humanos.* Mecanografiado, sin data.

AGULLA, Juan Carlos, *De la sociología del conocimiento a la teoría crítica.* Buenos Aires. Editado por el Instituto Torcuato Di Telia, 1978.

ALBO, Xavier. *Cuarenta naciones en una.* En: Revista Cuarto Intermedio N® 6 Cochabamba, editado por la Compañía de Jesús enBolivia. 1988.

ARZE, José Antonio. *Sociografía del Incario: ¿Fue socialista o Comunista el Imperio Incaico?* La Paz-Bolivia 1952.

ARREAZA CAMERO, Emperatriz. *Notas para un concepto de ideología en los medios de comunicación social para el estudio criminológico del delito y el del delincuente* En: Revista Capítulo Criminológico N® 2 Maracaibo, Ediluz 1974.

ARREAZA CAMERO, Emperatriz, y SANTOS A. Thamara. *Problemas metodológicos de la investigación criminológica.* En: Revista Capítulo Criminológico N® 3 Maracaibo, Ediluz 1975.

ARREAZA CAMERO, Emperatriz. *La nacionalización inconclusa o la política del Estado como factor criminógeno.* En: *Revista Capítulo Criminológico N^9 5 Maracaibo, Ediluz 1977.*

ARREAZA CAMERO, Emperatriz. *El caso de la página roja.* En: Revista Capítulo Criminológico N^9 6 Maracaibo, Ediluz 1978.

ARREAZA CAMERO, Emperatriz. *Procedimiento en la legislación ambiental venezolana* En: Revista Capítulo Criminológico N® 14 Maracaibo, Ediluz 1988.

ARREAZA CAMERO, Emperatriz. *Algunas aproximaciones al estudio de la religión como control social.* En: Revista Capítulo Criminológico N^9 11/12 Maracaibo, Ediluz 1985.

Banco Inter americano de Desarrollo (B.I.D.) Progreso Económico y social en América Latina. Informe 1987. Washington, Editado por el B.I.D.

BAUDIN, Louis. *El Imperio Socialista de los Incas*, 5^9 edición, Santiago de Chile, Editorial Zig-Zag. 1962. Traducción de José Antonio Arze

BARATTA, Alessandro. *Criminología crítica y política penal alternativa.* Fotocopia sin data.

BARATTA, Alessandro. *Requisitos mínimos de respeto de los Derechos Humanos en la Ley Penal.* En: Revista Capítulo Criminológico N^9 13 Maracaibo, Ediluz, 1986.

BRAVO DAVILA, Luis. A *propósito del debate crítico: anexan ingredientes tradicionales.* Caracas, mimeografiado, 1987.

BUCI-GLUKSMANN, Cristine, *Gramsci y el Estado.* 6- edición. México, Editorial Siglo XXI, 1985.

CAPELLER, Wanda. *Por urna revisâo epistemológica da criminología. Texto apresentado no IV, ENCONTRO ANUAL DA ASSOCIACAO NACIONAL DE POR GRADUAQAO E PESQUIZA EM CIENCIAS SOCIAIS.* Río de Janeiro, Mimeografiado, 1981.

CARRANZA,, Elias y otros. *El preso sin condena en América Latina y el Caribe.* Costa Rica, Editado por Ilanud, 1983.

CASTELL, Manuel. *Crisis Urbana y cambio social.* México. *Editorial XXI. 1981.*

CELAM, *Puebla,* Bolivia. Editores: Paulinas y Presencia. 1979.

CEPAL. *Anuario Estadístico de América Latina y el Caribe.* 1986. Editada por Naciones Unidas, 1987.

CEPAL. *Estudio armónico de América Latina,* 1978. Santiago de Chile, Editado por Naciones Unidas, 1980.

CINGOLANI, Pablo, *T.S. Elioty la cultura boliviana,* En: Revista Perspectiva, año III, N^9 22 (marzo-abril). Las Paz-Bolivia. 1988.

COLANZI ZEBALLOS, Alejandro. *El pueblo ha sentenciado: ¡Dasaparicion de lasFF.AA.!* Bolivia, Mimeografiado, 1983.

COLANZI ZEBALLOS, Alejandro. *Delincuencia Privilegiada.* Santa Cruz-Bolivia, Editorial Cabildo, 1985.

COLANZI ZEBALLOS, Alejandro. *Granja de Espejos: ¿Aberración jurídica o lucha de clases?* Santa Cruz-Bolivia, Editorial Cabildo, 1987.

COLANZI ZEBALLOS, Alejandro. *Desideologizar para ideologizar: en pos de una criminología por la paz.* Ponencia presentada al Encuentro Internacional por la Paz, el Desarme y la Vida, realizado en Mérida. Venzuela, mecanografiado, 1988.

COLANZI ZEBALLOS, Alejandro. *El delito imposible y la Doctrina de Seguridad Nacional: la combinación perfecta* Maracaibo. Inédito. Mecanografiado 1988.

COMTE, Augusto. *Discurso sobre el espíritu positivo.* Argentina, Editorial Agmlar, 1982, novena edición.

CORDOVA MONASTERIO, Tito. *Violencia colectiva de índole criminológica,* Maracaibo, Ediluz, 1983.

DELGADO ROSALES, Francisco J. *Inseguridad ciudadana en Venezuela:*

(*1983 - 1986*) *Una perspectiva crítica del Control Social.* Tesis de Maestría. Maracaibo, mecanografiado, 1986.

DEL OLMO, Rosa. *Ruptura criminológica.* Caracas, Editado por la U.C.V., 1979.

ENGELS, F, *El origen de la familia, la propiedad privada y el Estado.* Santo Domingo. Rep. Dominicana, Editorial Alfa- Omega, 1980.

ESPINAL CAMPS, Luis, *La democracia no lo resuelve todo.* En: AQUI, Semanario del Pueblo, N^9 325. La Paz-Bolivia, 1988.

EVERS, Tilman. *El estado en la periferia capitalista.* México, Editorial Siglo XXI, 1985, 3- edición.

FORFORI SCANO, María Josefina. *El Veto en NN. UU. ¿Instrumento político hegemónico?* Proyecto de Tesis de Maestría en Ciencias Políticas. Maracaibo, Mecanografiado, 1988.

FOUCAULT, Michel. *Vigilar y Castigar.* México, Editorial Siglo XXI, 1981, 6* Edición.

GARCIA MENDEZ, Emilio. *Política, Derecho y crítica específica.* En: Revista, Capítulo Criminológico N^9 9/10. Maracaibo, Ediluz, 1984.

GARCIA MENDEZ, Emilio. *Autoritarismo y control social* Buenos Aires, Editorial Hammurabi S.R.L.. 1987, 2* edición.

GARCIA MENDEZ, Emilio. *Para una historia del control Penal de la infancia: La informalidad de los mecanismos formales de control social.* Ponencia presentada al XII Encuentro Latinoamericano de Criminología Comparada. Maracaibo, mecanografiado, 1987.

GABALDON, Luis Gerardo. *Control Social y criminología.* Venezuela, Editorial Jurídica Venezolana, 1987

GALEANO, Eduardo. *Las venas abiertas de América Latina.* México, Siglo XXI editores, 1976.

GOFFMAN, Erving, *Internados* Argentina, Amorrortu editores 1972, 2- edición.

GOMES GRILLO, Elio. *Introducción a la Criminología.* Caracas, Editado por Librería Piñango, 1979, 3* edición.

HARNECKER, Martha. *Los conceptos fundamentales de meterialismo histórico.* México, Siglo XXI, editores 1976, 2* edición.

HAYA DE LA TORRE, Víctor Raúl. *Ideario de acción Aprista,* Buenos Aires, 1930.

HULSMAN, Louck y CELIS. Bemat de. *Sistema penal y seguridad ciudadana: hacia una alternativa.* España y Editorial Ariel, 1984.

JIMENEZ A., María Angélica. *Conflictos de cultura: los guajiros reclusos, un caso de discriminación étnica* En: Revista Capítulo Criminológico N⁹ 4. Maracaibo, Ediluz, 1976.

JIMENEZ A., María Angélica, y ARREAZA, Emperatriz. *Las dos caras de la defensa social* Em Revista Capítulo Criminológico N⁹ 4. Maracaibo, Ediluz, 1976.

JUAN XXIII. *Pacem in Terris.* En: Ocho grandes mensajes. - Madrid, Editorial B.A.C., 1974, 7- edición.

JUAN XXIII. *Mater et Magistra.* En: Ocho grandes mensajes.- Madrid, Editorial B.A.C., 1974, 7ª edición.

JUSTO, Liborio (Quebracho). Bolivia: *La revolución derrotada.* Cochabamba, Editado por Rojas Araujo, 1967.

KAPLAN, Marcos, *Formación del Estado Nacional en América Latina.* Buenos Aires, Editorial Amorrortu, 1976.

KONSTANTINOV, F. y otros, *Fundamentos de Filosofía marxista- leninista.* Moscú. Editorial Progreso, 1982.

LENLN, V.I. *El Estado y la revolución China,* ediciones en lenguas extranjeras, 1975, 5® edición.

LECHNER, Norbert. *La crisis del Estado en América Latina.* Caracas, El Cid. Editor, 1977.

LOPEZ CALERA, Nicolás María, *Sobre el alcance teórico del uso alternativo del Derecho* . En: Sobre el uso alternativo del Derecho. Valencia-España, Fernando Tórrez,, editor, 1978.

MANIFIESTO CRIMINOLOGICO LATINOAMERICANO. México, 1981. Capítulo Criminológico. N⁹ 9/10. Maracaibo, Ediluz, 1984.

MARX, Carlos, y ENGELS, Federico. *La ideología alemana.* Colombia. Ediciones Bogotá, 1976.

- *Manifiesto Comunista.*

MARX, Carlos, y ENGELS, Federico. *Materiales para la historia de América Latina.* Cuadernos Pasado y Presente N⁹ 30. Argentina, Editorial Siglo XXI, 1975.

MARX, Carlos, *El dieciocho brumario de Luis Bonaparte.* México, Editorial Grijalbo, S.A. 1974.

MARX, Carlos, *La guerra civil en Francia.* Madrid. Editorial Ricardo Aguilera, 1976, 4- edición.

MARIATEGUI, J.C. *Siete ensayos de interpretación de la realidad peruana.* Lima, 1943, 2* edición.

MAROF, Tristán. *La justicia del Inca.* Bruselas, 1928.

MELOSSI, Darío y PAVARINI, Massimo. *Cárcel fábrica.* México, Siglo XXI editores,

1980.

MILLER, Jacques-Alin y HERBER, Thomas. *Ciencias Sociales: Ideología y conocimiento.* México, Siglo XXI editores 2* edición.

MUÑOZ CONDE, Francisco. *Marx y la nueva criminología.* En: Nuestra Bandera N^9 123. Revista Teórica y Política del Partido Comunista de España. 1984.

NISBET, Robert. *La formación del pensamiento sociológico.* Argentina, Amorrortu editores, 1977.

NOVOA MONREAL, Eduardo. *¿Desorientación epistemológica en la Criminología Crítica?* En: Revista Doctrina Penal N^9 30. Buenos Aires, Editorial De Palma, 1985.

NOVOA MONREAL, Eduardo. *Lo que hay al lado no es un jardín: mi réplica a Lola Aniyar.* En: Revista Doctrina Penal N^9 33-34. Buenos Aires, Editorial De Palma, 1986.

PORTELLI, Hugues, *Gramsá y el bloque histórico.* México, Siglo XXI editores, 1976, 3* edición.

POULANZAS, Nicos. *Estado, poder y socialismo.* México, Siglo XXI editores, 1984, 5- edición.

PELKOFF, Teodoro. *Del optimismo de la voluntad.* Venezuela, ediciones Centauro. 1987.

PAZ, octavio. *El ogro filantrópico.* España, Seix Barrial Editorial, 1981,2^2 edición.

PRESCOTT, William H. *Historia de la Conquista del Perú.* Tomo I Lima, Ediciones Prisa, sin data.

QUIROGA SANTA CRUZ, Marcelo. *El saqueo de Bolivia.* Argentina, ediciones Crisis, 1973, 2- edición.

RAMOS JIMENEZ, Alfredo., *Una ciencia política latinoamericana.* Caracas, editorial Carhel, 1985, 2§ edición.

RANGEL, Domingo Alberoto. *La nación Guajira y sus derechos.* EN: Diario Panorama. Maracaibo, 30-08-87.

SANDOVAL HUERTA, Emiro. *Sistema Penal y criminología crítica.* Bogotá, Editorial Temis, 1985.

SILVA, Ludovico. *Teoría y práctica de la ideología.* México. Editorial Nuestro Tiempo, 1982,11- edición.

SCHWENDINGER, Hermán y SCHWENDINGER, Julia. *¡Defensores del orden o custodios de los Derechos Humanos?* En: Criminología Crítica. México, Editorial Siglo XXI, 1977.

SCHWENDINGER, Hermán y SCHWENDINGER, Julia. *Clases sociales y la definición del delito.* En: Capítulo Criminológico N⁵ 13. Maracaibo, Ediluz. 1986.

SANTOS ALVIS, Thamara y GARCIA MENDEZ, Emilio. *Notas críticas sobre aspectos políticos-jurídicos para una Criminología Radical en América Latina.* En: Revista Capítulo Criminológico N² 5. Maracaibo, Ediluz, 1977.

SANTOS ALVIS, Thamara. *Control y punición de la delincuencia. Estrategias Sociológicas.* Maracaibo. Ediluz, 1987.

SANTOS ALVIS, Thamara *La reacción social ente la criminalidad de cuello blanco.* En: Revista Capítulo Criminológico Nᵉ 7/8. Maracaibo, Ediluz, 1984.

SAAVEDRA, Bautista, El Ayllu: *Estudios sociológicos.* Bolivia, Editorial Juventud, 1971. 4ª edición.

UNITED NATIONS DEMOGRAPHIC YEAR BOOK 1981. New York, Publishing Service. United Nations, 1983

URIOSTE, Miguel, *El pueblo al margen.* En: Revista Cuarto Intermedio N⁹ 6 Cochabamba, Edita Compañía de Jesús en Bolivia, 1988.

ZAFFARONI, Eugenio Raúl. *Tratado de Derecho Penal, Parte General.* Tomo II. Buenos Aires, Editorial EDIAR, 1981.

ZAFFARONI, Eugenio Raúl. *Manual de Derecho Penal, Parte General.* Tomo EL Buenos Aires, Editorial EDIAR, 1986.

ZAFFARONNI, Eugenio Raúl. *Política Criminal Latinoamericana: perspectivas-disyuntivas.* Buenos Aires, Editorial EDIAR, 1985.

ZEITLIN, Irving. *Ideología y Teoría Sociológica.* Argentina, Amorrortu editores, 1979, 4ª reimpresión.

Esta edición se imprime
en New York, US. KDP Print, 2022.

www.ingramcontent.com/pod-product-compliance
Lightning Source LLC
Chambersburg PA
CBHW071522220526
45472CB00003B/1118